情緒，請開門

釋放困在情緒小黑屋中的自己

每一種情緒都是心靈的使者，
撥開情緒的迷霧，聆聽情緒背後的訊息，
開啟內在的智慧，
找到平靜、鎮定、安穩的自己。

張維揚——著

春光出版

序言 PREFACE

把握了情緒，就把握了生命的根本

撥開情緒迷霧，實現情緒自由。

我是一名心理諮商師，每天的工作就是聆聽和見證一些人生命中的困頓與苦難。

在十餘年的工作中，我的這些來訪者，這些鮮活而真實的生命，他們可能遇到了各自迴異的疑惑、困境甚至創傷，但都有一個共同的特點：有某種難受或痛苦的情緒，推動他們來到了我的面前。

我逐漸意識到，我們遭遇的各種事情只是促使情緒反應產生的刺激

物，而情緒本身才是值得品嘗的生活滋味。

也許我們並不是生活在所謂客觀的外在物質世界裡，而是完全生活在自己對物質世界的反應之中。這種反應不僅僅指行為，更重要的是指情緒。或者可以說，外界的刺激讓你產生了各式各樣的情緒，這些情緒進而驅動你進一步產生各式各樣的行為。

如果我們能暫且放下外界的事物，專注於自身的情緒，就可以事半功倍地改善自己的生活。

更令人振奮的是，只要掌握了正確的方法，並且不斷地練習，我們甚至完全不需要依賴他人，即可實現這個目標。

現在，可以開始一個小練習：你嘗試觀察一下自己此刻的情緒狀態。開心嗎？放鬆嗎？焦慮嗎？

觀察之後，也許你就會發現，所謂的「過得好不好」，就是指當下所處的情緒狀態。

也許你會認為，自己只是因為即將到來的假期而興奮開心，或是因為男朋友忘了自己的生日而心煩，但不管原因如何，你依然沉浸在情緒的海洋中，對你產生實質影響的不是假期和男朋友本身，而是這一切讓你產生的情緒。

這個事實引發了一個根本性的問題：是否把握了情緒，就把握了生命的根本？

在臨床中，我已經幫助不少人體會了聚焦並有效應對情緒的好處，但受惠的人仍舊寥寥。撰寫本書的初衷，就是希望可以讓更多的人瞭解這種方法，並且從中獲益。

那麼，這本書有哪些不同之處或特別之處呢？

首先是它的創新性。無論是結構佈局、核心理念，還是實踐方法，都包含了很多原創的、特別的內容。

其次，本書特別注重實用性。再好的東西如果無法使用也是枉然，書中的所有方法都經過了臨床檢驗，獲益者都是像你我一樣的普通人。

本書會討論、澄清一些對情緒的錯誤觀念。比如，很多人致力於消除所謂的負面情緒，但我們認為情緒無正負，情緒就像是傳信的信使，至於傳的是什麼樣的信，書中將有所解讀。

另外，在具體的應對措施上，我們會提出一些十分簡易的操作方法，比如要從哪些方面進行情緒覺察等等。

書中內容共分四大練習篇章：認識情緒、瞭解情緒、看待情緒、應對

情緒。

其中，「認識情緒」呈現了很多常見的情緒現象，以及情緒帶給我們的困擾，相信你能從中看到自己的身影。

在「瞭解情緒」中，我們深入最常見的六種情緒，仔細看看它們究竟是怎樣運作的。這裡可能會出現不少讓你吃驚的內容，比如，其實你每天都有情緒，只是你可能並不瞭解它們；原來焦慮有其必要；抑鬱竟然是一種高級情緒等。

「看待情緒」提供了一些理念，用來探討如何看待情緒；而「應對情緒」則提供了具體的方法，讓你與情緒共舞，幫助你解決各種情緒困擾。

把握了情緒，就把握了生命的根本。希望我們能一起開啟一段美妙的旅程，遊歷自己的內在情緒世界。

關於情緒的箴言

①把握了情緒，就把握了生命的根本。

②我們遭遇的各種事情只是促使情緒反應產生的刺激物，而情緒本身才是值得品嘗的生活滋味。

Contents

目錄

Contents

第一章

認識情緒

01 情緒管理：如何提高你的情緒管理能力

接下來，我要帶領大家開啟一次情緒之旅。和觀光旅行一樣，大家可以把我當成一個導遊，跟著導遊旅行的目的，並不會看著導遊，而是為了觀看沿途的風景。

我們的情緒之旅也一樣。我所提供的理論，其實都只是一些輔助的工具。重要的是，在這個旅程中，你遊歷的是自己的內在。比如，我的情緒是怎麼產生的？它如何驅動我的行為？情緒帶來了哪些困擾，或者讓我

在什麼場合碰到困難？

情緒之旅的目的是解決自己的問題，提高自己相處、應對以及轉化情緒的能力。所以真正的風景不在我這裡，而在你那裡。不論這趟情緒之旅會持續多長時間，不管旅程何時開始，我想告訴你的是，從這一刻起，你就要開始關注自己當下的情緒。

為什麼我要以旅行來比喻呢？假如你不是一個地質學家，而你計畫出遊時，可能就不會對研究旅行地點的地貌感興趣，但你也不可能僅從網路上查找一些風光圖片或影片來代替一次旅行的真實感受。

因為你要的是全方位的體驗。

所以，首先不要把這次學習的過程當作課堂練習，應該把它當作一次體驗。你在任何時候都可以問問自己：現在我的情緒是什麼？

其次，本書中的內容，無論是知識、觀念還是方法，對你而言可能都是全新的。當你遇到一些與原有的價值、觀念存在較大衝突，或是你不能理解的內容時，試著將自己的內在保持開放、接納、交流的狀態，盡可能地放下評判好壞對錯，專注於參與。在參與的過程中，依然要注意覺察自己的情緒體驗和感受。

最後，書中提及的很多實用方法，都非常方便大家操作和實踐。建議各位可以先不要進行評判或直接否定自己，而是勇於進行嘗試。

嘗試的目的不是要求自己立刻掌握方法，而是初嘗這種方法帶來的體驗。就像你去KTV唱歌，不會要求自己像個歌星或專業聲樂家，只是為了追求一種體驗，兩者是一樣的道理。

我希望每位讀者讀過本書後都能有所收穫，雖然收穫可能各不相同，

但每個人一定都會有自己特定的體驗。

使用本書的方法可以總結為以下三點：

第一，把閱讀本書當作一次體驗的旅程，不要把它當成一次知識的學習。

第二，閱讀時保持開放的心態，遇到不懂或和自己觀念相左的內容時，不要輕易評判或下結論。

第三，對於本書中講到的方法，你可以盡量地嘗試，在過程中觀察自己的反應。無須要求自己立刻掌握方法，也不需要有先入為主的自我懷疑。

理解本書的使用方法之後，我們還需要建立兩個關於情緒本身的理念。這些理念可以提供一個全新的視角，幫助你容納一些與原有認知互相衝突的資訊，將對你的後期轉化非常有利，它可以幫助你避免將有些可能還沒有消化的內容丟出來。

第一個理念，即**行為被情緒所驅動**。

你選擇讀這本書很有可能是有目標的。例如，想要過得更開心，想要瞭解情緒的機制，想要消除自身的負面情緒等。無論你的目標是什麼，你的選擇行為背後都有情緒在驅動。

可能你曾經經歷過情緒方面的困擾，這些困擾破壞了你與他人的關係，甚至有時令你容易失控。這些失控的情況可能給你帶來了一些損失，也給別人或自己造成了一些傷害，讓人不安甚至焦慮。正是這些不安和焦慮的情緒，推動你來讀這本書。

這些都是正常的反應。要注意觀察推動行為的幕後動力系統——情

緒，這正是進行情緒應對的前提和基礎。

第二個理念，即**我們都生活在內心的情緒反應之中**。

有些人初聞這種說法時，可能感覺與自己的固有觀念有所衝突，因而全盤否定。我們明明生活在客觀世界中，眼前所見的大樹和人們都能被摸到，也都能被看到，這些客觀事物難道是假的嗎？當然不是，但是你對這些人、事、物的反應，卻是由你的心創造出來的。

舉個例子，不同的人觀看同一部電影，有人說電影拍得好，也有人說拍得不好。不一樣的人看到的每一個畫面都是一樣的，但是為什麼對同一部電影的情緒反應不盡相同？

那是因為我們每個人都獨一無二，我們有不同的經歷、不同的創傷、不同的需求，所以對事情的體驗與看法各有差異。

與其說我們是看了一部電影，倒不如說我們各自將這部電影做為刺激物，讓自己產生了一些情緒、把自己浸泡其中，最終體驗或感受的實際上是我們自己的情緒。

那麼本書將為你帶來什麼收穫或者哪些變化呢？

首先，你的情緒反應系統可能會發生變化。你可能會驚訝地發現，人還是那個人，事還是那件事，但你的情緒反應跟以前不一樣了。

我的一位來訪者最近告訴我，在學習了這一系列方法後，她和老公之間的吵架頻率比以前降低了許多。在爭執即將爆發時，她會突然意識到還有別的方法可以解決問題，於是放棄爭執，而且也不會覺得憋屈。

其次，你的睡眠情況會得到一定程度的改善，各方面的身體機能可能也會隨之變好。

我對夢的研究中發現，很多睡眠問題會產生，正是因為我們無法在清醒的時候識別和表達情緒。這些情緒能量日積月累、又無法流動和排解，因此只有在意識轉入睡眠的邊界時才能嘗試傳遞，進一步導致失眠或入睡困難；另一部分情緒則變成情境強烈的夢，透過夢的形式進行表達。

書中詳細講解了如何加強情緒的識別度和流動性，讓大家可以透過反覆練習，有效促進情緒的流動和排解，從而減輕睡眠問題和身體負擔。

最後，本書會幫助你在一定程度上提高生命的自主性。

一般而言，人們容易把自身體驗的情緒歸因於外界的某些人、事、物。比如，男、女朋友的體貼讓我開心，馬上要考試了讓我焦慮，大海的美景讓我放鬆。但這些外在因素都是我們不能控制的，男、女朋友可能不會總是那麼體貼，考試總是沒完沒了，而大海的景色再好看，我們也不可能長時間待在那裡。

在這種狀況下，生活充滿了不確定性，甚至可能是動蕩的。然而走完此次情緒之旅，你將會發現，這一切的背後有個導演，那就是你自身的反應系統。這個系統不在外界，而是被你「隨身攜帶」。你對它的瞭解越多，越有可能立竿見影地改變你的生活。

這就像是你在抱怨窗外看起來霧濛濛時，卻突然發現，天空並不是霧濛濛的，只是玻璃髒了，只要擦乾淨玻璃，眼前就如同換了一個世界。這種發現會有多麼令人振奮——我們竟然有機會決定自己世界裡的風景。

關於情緒的箴言

①情緒之旅的目的是解決自己的問題，提高自己和情緒相處、應對以及轉化的能力。

②我們都生活在內心的情緒反應中。

③這一切的背後有個導演，那就是你自身的反應系統。

02 反應系統：你的情緒背後是什麼

我們要花一點時間以科學角度認識一下情緒。

有的人可能會疑惑，我天天都有情緒，還需要特別去認識嗎？其實，天天都存在的東西有時反而最難懂。就像生活在水中的魚，也許根本不知道世界上有水的存在。你的心臟時刻都在跳動，但可能只有在心臟出問題、感到不舒服的時候，才會意識到心臟的存在。

情緒每天都會帶來各種各樣的體驗和感受，有積極的，也有消極的。

情緒驅動了人們的許多行為，但是人們可能並不清楚情緒到底從何而來，更不瞭解情緒如何產生和變化的機制。

情緒是人們對外界刺激的反應，很多人會覺得這一點顯而易見，無須贅述，那是因為他們並沒有完全理解這句話；有些人認為這句話意味著外部的刺激促使人們產生了反應，但他們卻忽略了反應系統本身的作用。

下文開始對情緒進行詳細分解。在過程中，你要隨時關注自己的感受與情緒。

假設一下，你把手突然放到一盆冰水中，手在入水的瞬間，皮膚上的感覺神經感知水的溫度，這時產生的是一種純粹的感覺或是一個純粹的刺激。由於水溫很低，你感到冰冷刺骨，然後就有了一種不舒服的感受。

要注意，這是一個發生在剎那間的感受過程。雖然這種感受是瞬間產生

的，但其實包含著兩個完全不同的部分：第一個是「感」，第二個是「受」。

首先，你的手在水裡時對溫度的感知便是純粹的「感」；之後當你覺得很冷、不舒服時，這便已經是「受」了；產生冰冷刺骨的難受感覺後，你可能又會想起，手放在這種冰水中會凍壞，有可能會凍傷，這時你就會產生了一種焦慮或恐懼的情緒。看似簡單的一個應對壓力的反應過程，其實並不只是冷水引發了焦慮這麼單純而已。

從這個簡單的例子中可以分析出，感覺、感受、觀念和情緒四個環節構成了人們對外界刺激的反應鏈。我們可以這樣定義：感覺、感受、觀念和情緒，這一系列完整的反應鏈就是情緒反應系統。

具體來說，感覺細胞相當於身體的硬體設施，使我們產生感覺；神經系統針對這個感覺向大腦回饋一個舒適或難受的信號，讓我們產生感受；

觀念認知系統相當於身體的軟體配置，根據情境、感受、記憶等最終生產出對這個刺激的反應——情緒。

在寒冷地帶，每年冬天都會有去冬泳的人們。我初次看到他們時，十分不能理解為什麼他們似乎對冷水帶來的刺激和感覺不同於其他人。其實，他們並不是感受不到河水的寒冷，和其他人對冷水的感覺和感受一樣，在跳進水裡的一剎那，他們也很難受。

他們之所以會主動跳入冰冷的水裡，是因為其觀念認知系統與其他人不一樣。比如，他們接受了一種觀念：冬泳有益身體健康，在冷水裡游泳能刺激血液循環，對心臟健康有好處。

所以，同樣是面對冷水的刺激，但由於觀念認知不同，他們產生的情緒和行為便與其他人有了區別。雖然他們也覺得冷，卻相信自己正在做一件對身體有好處的事，於是他們不僅願意主動跳下去，甚至還充滿了勇氣。

從這個例子可以看出，對情緒有決定性作用的不僅僅是外界的刺激，還有反應系統。可以說，對於情緒而言，獨立於反應系統的刺激是不存在的。這意味著，一個事物一旦被感知，就會被納入反應系統。如果你完全感知不到一個事物，那麼它對你而言就是不存在的，因此你也無法討論它。

反應系統的核心是觀念和認知。這一點非常重要，本書的價值也體現在對這個理念的討論上。

如果某一刺激必然導致某一反應，例如人們一看到蛇必然會被嚇得跳起來，那這本書的內容就毫無用武之地了，因為本書既不能幫助人們預測什麼時候會遇到蛇，也不能幫助人們避免遇到蛇。

如果對情緒有決定作用的是反應系統，而反應系統做為生命的組成部分，那我們就可以隨時觀察它、研究它、改造它，不需受外在條件的約束。對情緒的體驗和討論恰恰可以幫助人們證實對情緒有決定性影響的是反應系統。

很多年前，曾經有位來訪者找到我，他滿面愁容、憂心忡忡，我問他發生了什麼事。他告訴我，他是一家大型金融機構裡的中階主管，他的老闆找他談話，想要把他升為高階主管，他為此無比煩惱。

人們通常會認為升職是好事情，但他卻不為之喜、反為之憂。可見，對同樣的事物，由於反應系統不同，人們可能會產生完全不同的感受和情緒。

值得關注的是，他似乎絲毫沒有意識到這件事可能會是好事，而是完全沉浸在這件事帶給他的煩惱中，甚至表示自己在考慮辭職。出現這種表現的原因也許是，他內在的反應系統認為自己是一個能力不強的人，換句話說，他的自我價值感很低。他認為成為中階主管已經達到了自己心理預期的頂點，假如突破了這個頂點，他就會開始擔心自己無法駕馭。於是他的反應系統向他傳達了很多危險的預判，比如「我的主管很快會發現我是個草包，然後我就會灰頭土臉甚至身敗名裂地黯然離去，我絕不能讓這種事情發生。」

這個例子極為貼切地說明了，毫無爭議的事物幾乎是不存在的，或者說，沒有什麼事物在任何反應系統下都能被確認為是好事或壞事。

只要檢視自己的生活和反應就會知道，自己認為的好事只是被自己的反應系統認為的好事，而這件事在別人的反應系統裡，卻可能會被認為是壞事，反之亦然。

在不同的觀念系統中，對情緒的看法因人而異，有好情緒、壞情緒，

或者正能量、負能量，評判的依據就是各人的感受。

換言之，讓人們感到舒適的人，人們就說他是好人；讓人們感到舒適的事，人們就認為它是好事；讓人們感到舒適的情緒，人們就認為它是好情緒。而那些讓人們難受的情緒，像是焦慮、抑鬱，人們就把它們都認定為所謂的壞情緒。

事實是，我們對情緒的反應、對情緒的判斷，都是被反應系統或核心觀念系統所創造出來的。

小結

第一，我們每天都有情緒，每時每刻都被情緒包圍，但是我們對於情緒產生的機制可能並不瞭解。

第二，情緒的本質是對刺激的反應，準確地說是對感受的反應。感覺、感受、觀念、情緒這條反應鏈構成了情緒反應系統，這個系統的核心是觀念和認知。

關於情緒的箴言

①有些人認為外部的刺激促使人們產生了反應，但他們忽略了反應系統本身的作用。

②毫無爭議的事物幾乎是不存在的，或者說，沒有什麼事物在任何反應系統下都能被確認為是好事或壞事。

③我們對情緒的反應、對情緒的判斷，都是被反應系統或核心觀念系統所創造出來的。

03

連接外界：再難受的情緒，也是生命存在的見證

無論多麼痛苦、多麼憤怒、多麼抑鬱，只要你還能感知到自己的感受，就說明你的生命仍在存續之中。

只要你還有情緒，你的生命就仍與這個世界進行反應，就仍與世界相連。即使痛苦可能讓你產生極端的念頭，但這個念頭或計畫本身也說明你依然想方設法消除自己的苦痛。這種基於情緒對世界持續進行的反應，恰恰就是生命的特徵，是生命力的體現。

本節用了這個帶有衝擊力的標題——「再難受的情緒，也是生命存在的見證」，正是想說明這樣一個事實：**情緒將你與世界連接**。

有的人可能會說：「不是的，是感官把我們和世界相連接。世界之所以存在，是因為我們能看到它、摸到它、聽到它。」

然而感官是硬體，就有如人們開的車，而情緒卻是油箱裡的油。要開車首先要有輛車，也就是有身體，但如果油箱裡沒有油，車就無法發動。此處的油泛指各種動力能源，對應到生命的機制裡，就是心理動力層面或心理能量層面。我們要做出任何反應，都要有情緒的支持。

無論此刻你在想什麼，都是因為你的注意力被一些事物吸引。若你在上課，想專心聽講，然而窗外有動靜吸引了你的注意力，那麼這個時候大腦可能就會開小差而分神。這說明了決定你每個瞬間的意識內容的，實際

上是注意力。注意力便有如意識系統的眼睛，意識系統雖然是每個人都有的，但是看向哪個方向卻取決於各自的注意力。

情緒與注意力之間有什麼關係呢？情緒不但可以啟動注意力，還可以鎖定注意力。無論是舒適的情緒還是難受的情緒，都可以做到。比如，你現在感到饑餓，這是來自身體的感覺，即為饑餓感。如果這時不能馬上找到食物，這種饑餓感就會讓你產生情緒，這種情緒可能會使你很煩躁，進而將你的注意力鎖定在饑餓上。被鎖定的注意力會讓你觀察周圍所有可能找到食物的地方，例如餐館裡或冰箱裡。這就是情緒透過鎖定注意力來控制意識。

在上節的例子中，當你的手放在冰水中時，刺骨的冷會讓你聯想到自己有可能凍傷，從而產生焦慮的情緒，之後你就會一直關注這件事並且希

望盡快調整，想立刻把手從水中拿出來。這也就表示，這種焦慮的情緒會將你的注意力鎖定在「手在冰水裡」這件讓人不舒服的事情上，並且嘗試索取各種資源來調整這件事。

因此，情緒是一種心理能量，可以調動自身各式各樣的內外資源。情緒還可以觸發行為，比如你會把手從冰水中拿出來，或者在盆子中加點熱水。

這個例子可以解釋很多行為產生的原因。情緒鎖定注意力並且調動生命的資源產生行為的這種模式，每天都會在我們身上上演無數次。

情緒還有一個重要的功能，即是幫助我們形成情感。情感與人們對外界的反應系統有關，相當於一套內在的價值觀。

比如，你小時候去舅舅家玩，第一次去舅舅家的時候，他給了你一

顆糖果。你把糖果放在嘴裡的一剎那，舌頭上的味覺細胞感到了甜味，這個只是純粹的感覺，但是這種甜味讓你產生了生理上舒服、愉悅的感受，這種感受進而讓你產生了一種心理上的舒適情緒。如果每次去舅舅家，舅舅都會給你糖果，那麼你的這種情緒就會被不斷地強化，最後形成一種情感——我喜歡舅舅。

由此可知，情感可以被理解為一種長期、穩定的情緒。

上一節提到，反應系統的四個部分是感覺、感受、觀念和情緒。本節將討論一個新的概念——情感。

那麼，這幾個概念之間有什麼區別和聯繫呢？

感覺是純生理的，依賴於感官，比如味覺細胞可以感知糖的甜味；而感受則更靠近身體，比如糖的甜味讓我們覺得舒服、愉悅，核心觀念系

統則根據自身不斷增加的經歷形成各種情緒；種種情緒像一把雕刻刀，雕琢出情感，這種情感構成我們評價外部世界好壞對錯的核心觀念系統。所以，核心觀念系統是純粹主觀的，而情緒介於心理和生理之間，受觀念影響，同時又能連接身體。

俗話「一朝被蛇咬，十年怕井繩」這句子的潛在邏輯就是，某天被蛇咬讓你有了很難受的感受，這個感受讓你產生了害怕的情緒，進而讓你慢慢形成了蛇是非常危險、非常恐怖的核心觀念。所以，當你看到了有如蛇一樣的繩子時，你就會有心跳加速、手心出汗之類的反應。

如果有了「蛇是很危險」的這種核心觀念，再碰到外界類似的刺激物時，與之相關的情緒就會被啟動。因此，我們與這個世界互動的機制正是始於外界的刺激。外界的刺激從感官通道進入，進而讓我們產生了情緒；

為了認識、理解這種情緒，我們逐漸地形成了核心觀念系統，相當於一個程式的執行。再次碰到相似的外界刺激時，我們首先就會查閱以前是否有類似經驗，如果有類似的經驗，我們就會將之提取出來，產生出相對應的情緒。這個過程說明了，確實是情緒把我們和世界聯繫起來的。

因此，情緒和觀念是相輔相成的。一方面是情緒建構了觀念，也就是說，讓我們對外界刺激產生反應的反應系統（或稱核心觀念系統）本身，是被一次次情緒的產生建構的。另一方面是觀念觸發情緒，我們每天碰到的各種事情到底會啟動哪種情緒，取決於之前的經歷、體驗和情緒建立起來的核心觀念系統。情緒建構核心觀念系統的過程可以被理解為充電的過程，既有的觀念觸發情緒就是放電的過程。

核心觀念系統一旦建立起來，就會比較穩定地存在。前面提到，如果曾經被蛇咬過或者差點被蛇咬到，人們就會形成「蛇是極度危險的」核心觀念，下次碰到類似情境，像是看到一條像蛇的繩子，就會立即產生恐懼情緒。但如果人們沒有被蛇咬過的經歷，而只是在安全範圍內看到蛇，例如在動物園裡觀看各式各樣的蛇，人們便不會感到那麼害怕，因為根據自身過往的經驗，人們知道自己是安全的。

經歷、體驗中產生的情緒不斷豐富原有的反應系統，反應系統又反過來在遇到外界刺激時觸發了相應的情緒。因此，若我們關注整個反應系統，而不是侷限於改變情緒，實際上就相當於找到了一條改變自身體驗的捷徑。

在這樣的基礎上，再來探究一下大部分人都特別討厭或特別想迴避的，所謂痛苦或難受的情緒，是怎樣形成的。

透過上文，我們已經瞭解到，有時候某件事之所以會讓人們產生難受的情緒並不是因為事情本身，而是反應系統啟動了不好的情緒。

「仁者見仁，智者見智」，其中的仁和智就屬於內在結構。不同的內在結構碰到外在的刺激會有不同的反應，所以仁者總能「見仁」，智者就總能「見智」，悲觀的人就有可能總是看到事情的消極面。

其實，抱持負面的觀點、形成充滿負能量的立場，從另一角度來看，有時反而會為我們帶來機會和希望。比如，當考試讓你很焦慮的時候，你的問題已經不再是考試本身，而是因為考試產生的焦慮。同樣的考試準備時間，不同的情緒狀態，就會對複習效果產生不同的影響。

當你背負著情緒的負擔，帶著焦慮的情緒進行複習時，效率可能會很低，甚至可能會因為過度擔心自己的考試成績而考得更糟，因為你滿腦子都是會考砸的觀念想法和負面情緒，並沒有把注意力放在複習上頭。

我的實際案例中，有很多來訪者因為失眠問題找到我。睡眠本來是人的一種本能，但是，為什麼有的人會失眠？

這是因為他們可能在天剛黑時就開始焦慮，不斷思考「我今天會不會睡不著」，將注意力集中在對睡不著覺的擔心上，這種行為的後果就是不斷地生產焦慮情緒，最終這種焦慮情緒導致他們更難以入睡。

換言之，失眠的人並不是自身喪失了睡眠這個本能，而是他們不自覺地製造了讓自己無法入睡的情緒，相當於讓自己越來越亢奮，從而產生了睡眠問題。

小結

第一，情緒將我們和世界聯繫起來。即便情緒讓你非常難受，也至少證明生命還存在。

第二，情緒這種向外的能量可以把注意力鎖定在讓你產生難受情緒的事情上。

第三，我們提倡一種新的作法，那就是向內關注自己是如何產生這些讓自己難受的情緒。

關於情緒的箴言

①只要你還有情緒，你的生命就還在與這個世界進行反應，就還在與世界相連。

②這種基於情緒對世界持續進行的反應，恰恰就是生命的特徵，是生命力的體現。

③情緒不但可以啟動注意力，還可以鎖定注意力。

④有時候某件事情之所以會讓人們產生難受的情緒，並不是因為事情本身，而是反應系統啟動了不好的情緒。

第二章

瞭解情緒

01 焦慮：你的有效邊界在哪裡

這一章將深入探討六種最常見的情緒，這些情緒到底從何而來，其屬性和內在的機制又是如何運轉。

部分情緒讓人們感覺不那麼舒服。那麼，身體為什麼會產生這些讓人們難受的情緒？這些情緒是不是有什麼獨特功用？

我個人認為，任何情緒，不管是讓人們舒適的，還是讓人們難受的，人類如此精巧的生命體既然能製造出這些情緒，這些情緒就一定擁有某種

功用。

可以說，情緒是支撐人們存活、發展、進化必不可少的條件之一。

我們先來看經常被現代人提到的情緒——焦慮。

焦慮的第一個特點也是最顯著的一個特點，即未來指向性。換句話說，讓人們感到焦慮的事情，一般都還沒有發生。例如，考試不順利怎麼辦？男朋友不愛我了怎麼辦？我的車被偷了怎麼辦？這些可能會引發焦慮的事情其實當下都還沒發生，但是在人們的觀念裡，這些事情有可能發生，而人們又很不希望這些事情發生，此時人們就會產生一種難受的情緒——焦慮。

焦慮的第二個特點是，對不確定感的抗拒性反應。由於焦慮是指向未來的，而人們無法對未來進行準確預測，所以這種不確定感也是導致焦慮的因素之一。例如，你明天要去野餐，當然希望明天是豔陽高照的好天氣，但是又不知道明天會不會下雨，未來無法在當下被驗證，所以你就會感到很焦慮。從根本上而言，焦慮就是人們不能耐受不確定感的表現。明天可能下雨也可能不下雨，但人們不能耐受這種不確定。

焦慮的第三個特點是，人們所焦慮的事情總是一件人們試圖迴避的事，或是不希望發生的事。

簡單地說，焦慮有三個特徵或屬性：

第一，指向未來。

第二，是人們對於不確定感的一種抗拒性的反應。

第三，所指向的事情總是人們試圖迴避的。

焦慮的反應一般都有以下三種表現：

第一種是緊張，有些人會持續地緊張。

第二種是心煩意亂，心情比較煩躁。

第三種是可能坐立不安。

焦慮所表現出來的這些反應，反映了在不同層面上帶來的影響：緊張是心理層面的，心煩意亂是認知層面的，坐立不安是身體層面的，而這三個層面則相互關聯。

焦慮，這樣一種讓我們感到非常難受的情緒，到底有什麼用處呢？

焦慮的一個非常重要的功用，便是觸發有效的行為。比如，在原始社會，如果自己的族人被老虎等猛獸吃掉，會在族中引發很大的焦慮，所以晚上睡覺的時候，或是在白天摘果子、打獵的時候，對於再次遇到老虎的焦慮就會鎖定人類的注意力，使人們全神貫注於防備猛獸，然後，他們便可以思考在遇到老虎時能做些什麼。同族人如果比較多，就可以一起想辦法挖個陷阱抓住猛獸，讓自己和族人得以存續。

再比如，在曬穀子時，農民擔心會下雨，也就會提前為穀子搭好遮雨棚，由此又催生了一種能力——認識雲與天氣變化之間的聯繫。

可見焦慮可以極大地調動內在能量和內外資源，觸發一些有效行為，引導人們做出很多行動，以避免擔心或害怕的事情發生，甚至進一步推動了族群的延續、科技的發展、文明的進步……

所以，焦慮本身並不是問題，更不是疾病，它的存在對於維持個體和族群的正常生存和延續來說十分必要。

就好比饑餓感，如果一個人沒有饑餓感，就可能忘記吃飯，甚至也許真的會把自己餓死。同樣的，焦慮使人們保持對環境的敏感，適度的焦慮

會讓人們做出對自身發展有益且有效的行為。

因此，當你感到焦慮的時候，不要將焦慮看作致命的問題，你的問題其實在於沒有適時地把焦慮轉化為有效的化解行為。

那麼焦慮在什麼情況下會成為問題呢？

第一種情況，不能確立有效的邊界。

假設你喜歡上一個人，想向對方表白，但不知道對方是否會接受自己，所以你產生了焦慮感——要是我表白後被拒絕了怎麼辦？萬一對方不僅拒絕我，甚至還奚落我怎麼辦？

由於無法控制對方的反應，而對方的反應又是你非常在乎的事，你就很容易越過邊界。也就是說，你並沒有做自己能做的事情，卻單純地把能量放在期待或擔心對方的反應上，這就是越界。

這時你應該重新確立邊界。你要確定什麼是自己可控的。比如，你可以透過對方的朋友瞭解對方的喜好，你也可以透過改善儀容、衣著提升自己的形象，把自己變得更有吸引力。這些都是你能做到的，把控制的對象轉成自己。

第二種情況，不能轉化為有效行為。正如前文反覆強調的，焦慮不能轉化為有效行為時，就像一顆滑絲（螺牙磨損無法咬合，螺紋連接卻無法擰緊的情況）的螺絲，有心無力。你白白承受焦慮帶來的痛苦，卻不能將之轉為有效的行為，使得焦慮本身變成了一個問題。

或是，你第二天有一個重要的面試，前一天晚上本來應該好好休息、精神飽滿地參加面試，卻由於擔心對自己來說非常重要的面試結果，反而徹夜難眠，導致第二天精神萎靡，面試狀態不佳。

第三種情況，不能覺察內在動機。

比如，你之所以喜歡某個人，其實可能只是因為這個人身上的某種特質是你喜歡的，而具有這種特質的可能有一群人，並非僅存在於你喜歡的這個特定的人身上。也就是說，你沒有覺察自己的動機是追逐那種特質。明白這一點後，你就能逐漸放開對這個具體的人或這件具體事物的執著，也就不會那麼焦慮了。

工作也是一樣，你覺得這份工作很好，其實只是因為你喜歡這份工作的某個特性而已。可能是這份工作符合你的興趣，或是薪資高，或是工作內容具有創造性。但是請注意，符合你的興趣、薪資高或具有創造性的工作並非只有這一項。

所以，當我們為某件事情焦慮的時候，可以問一下自己，內在動機到

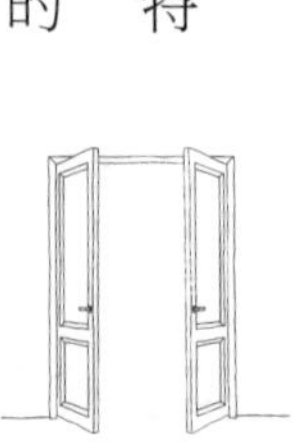

底是什麼。

例如，在面臨一次非常重大的考試時，你對考試的結果非常在意，並因此無比焦慮。這個焦慮指向了還沒有發生的考試。本來你焦慮的重點是考試成績，但如果焦慮的強度太大，焦慮本身就會變成你的問題。這時，如果能先放下考試這件事，首先來面對焦慮，可能你就會發現，過度的焦慮讓你在考試之外製造了一個新的問題——情緒問題。

透過內在觀察，你可能會發現，考試之所以對你有意義，可能只是因為你的內在觀念，像是你認為只有這次考試考得好，你才能上大學、才能獲得成功，但是這個觀念本身是有待驗證的。

進一步覺察自己的內在動機後，你可能會發現其實你要的只是成功，進而會想到其實有很多條路可以讓你取得成功，正所謂「條條大路通羅

馬」。當我們的探索來到這裡時，你的焦慮情緒就會有所緩解。

小結

焦慮具有非常重要的功能，即可以被轉為有效的行為。那些無法轉化為有效行為的焦慮，可能會成為新的問題。

緩解焦慮情緒需要做到以下三點：

第一，重新確立有效邊界。

第二，轉化為有效的行為。

第三，覺察內在動機。

關於情緒的箴言

①讓人們感到焦慮的事情，一般都還沒有發生。

②焦慮本身並不是問題，更不是疾病，它的存在對於維持個體和族群的正常生存和延續來說十分必要。

③焦慮使人們保持對環境的敏感，適度的焦慮會讓人們做出對自身發展有益且有效的行為。

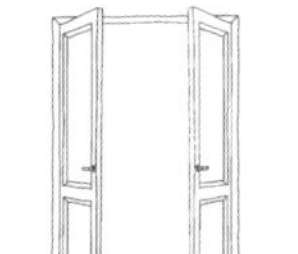

02 抑鬱：人類特有的高級情緒

抑鬱是近來經常被人們談起的話題。首先要聲明的是，抑鬱情緒與通常所說的抑鬱症不同。抑鬱情緒，人皆有之，每個人都會在生命的某些情境下產生抑鬱情緒；而抑鬱症在主觀感受的痛苦強度以及持續的時間上，與抑鬱情緒有著明顯的不同。二者在醫學診斷上有嚴格的界定。此處的重點是瞭解抑鬱情緒的屬性和特點，所以後文的表述中將不再對抑鬱情緒和抑鬱症做特別區分。

抑鬱的特點是什麼？從字面上看，抑，即壓制；鬱，意為憂愁、愁悶。抑鬱是憂愁的情緒逐漸地積累，抑鬱就是情緒的流動性變差。

抑鬱首先會帶來低潮的反應。有抑鬱情緒的人往往認為做什麼事情都沒意思。在前文中，我們已經瞭解情緒就是心理能量，而抑鬱這種情緒使能量難以再進行流動。

沉浸在抑鬱情緒中的人通常自我評價比較低，並且這種低自我評價並不是特定針對某件具體的事情。在日本電影《令人討厭的松子的一生》中，女主角有一句很著名的臺詞：「生而為人，我很抱歉。」這句臺詞就是女主角非常低的自我評價的典型體現。如果搞砸了一件事，抑鬱的人不會說「我這次做得不夠好，下次我會吸取教訓，把它做好」；相反的，他可能會想，「我什麼事都做不好」「我活著就是浪費食物」「我就是沒有什

麼價值」。

抑鬱情緒還會給人帶來一種感受——沒有希望。有些抑鬱症患者不但終日覺得身心痛苦，而且認定這種痛苦不可改變、不可擺脫。

以下便是抑鬱的三個特點：

第一，低能量，什麼都不想做。

第二，低自我價值感，全盤否定自己。

第三，充滿無望感，對改變現狀不抱任何希望。

抑鬱的這些特點，導致了一個嚴重的後果——高風險的出現。高風險主要指自我攻擊的傾向。

所有生物或生命都有一種本能的求生欲，但為什麼有些生活在抑鬱情緒中的人會採取一些傷害自己的作法？回答這個問題前，需要分析抑鬱的形成機制。

抑鬱的形成可能與兩個方面的原因有關。

第一，有些人過於在意外在的功能，而忽略了自己的感受。

為了便於理解，我們可以把生活中相關的因素分為兩條線：第一條線靠近現實，可以被稱為「功能線」；第二條線則靠近主觀感受，是體驗、感受，可以被稱為「能量線」。

功能線一般都有一個外在的評判標準，像是，賺多少錢？考第幾名？在公司裡是什麼職位？功能性指標非常清楚且容易進行比較；而主觀感受則很難以統一的標準衡量，是完全主觀的、個人的。

現代社會的快速節奏、強烈目標導向等特性，讓很多人把自己所有的心理能量、生命能量都投注於追求這些外在的功能性指標上，使他們過於

在意功能線。但人又是一種情感動物，心理動力與個人情緒息息相關，情緒構成了人的心理能量，在長期追逐外在成功的過程中，內在感受被久久忽略，得不到注意，更得不到表達。這時，身體、精神甚至整個生命，就會產生一種強力的反彈作用，而反彈作用將會收回生命的能量，人們也會因此出現上述的症狀。

第二，有些人無法調和自身的各種角色和所有角色之外的自己的需要。

每個人從出生開始就進入了某個角色。比如，你一出生就是某人的兒子或女兒，隨著日漸長大，開始有了越來越多的角色。每個角色都對人們提出了相應的要求，你要是個好學生，要是個好員工，要是個好妻子，要是個好母親……同時，在所有的角色之外，還有一個原本的自己。如果所有能量都被這些角色瓜分，那麼所有角色之外的真正的自己就得不到能量分配。然而我們又是生命的主人，於是我們就「想」了一個辦法——收回所有的生命能量，這樣的外顯表現就是沒有能量再做其他事情，也就是罹患抑鬱症的人一般最為明顯的特徵——沒有力氣，什麼都不想做。

抑鬱這種令人難受、後果嚴重的情緒有沒有什麼意義呢？答案是肯定的。那麼，抑鬱情緒的功用是什麼？

第一，抑鬱可以觸發人們對自己的觀察、瞭解和反思。

第二，抑鬱有可能讓人們重新調整生命的目標，確立一種意義感。

人們的痛苦往往來自兩個方面。

其一，病痛等原因讓我們覺得很難受，這是一種純粹的痛苦。

其二，更重要的是，我們覺得這種痛苦沒有意義。

比如早起去看日出，很早起床對你來說很痛苦，但有些人可能覺得這種痛苦有其意義，因為這種痛苦會換來非常壯麗的風景；也有一些人會覺得這個痛苦沒有意義，並且無法改變。

下面的例子可以說明抑鬱是怎樣發生的、可能會帶來怎樣的後果，以及其功能是怎麼呈現的。

有一位女性諮詢者告訴我，她在離婚之後獨自撫養女兒，把所有的精力都用在培養女兒身上，完全放下了自己的需要。就這樣過了十多年，女兒很爭氣地被國外的一所名校錄取，但就在女兒離家不久後，她便陷入了非常嚴重的抑鬱情緒，甚至一度想要採取一些極端作法。

透過和她的溝通，我瞭解到她在離婚時，前夫曾質疑她能否把女兒培養成才，那個時候她心裡就憋了一口氣。也是從那時開始，對她而言，生命的唯一目標就是讓女兒出人頭地，證明給前夫看。一旦等到這樣一個指向外在的目標達成，她就會陷入深深的空虛和自我否定。她開始自我懷疑，難道我的生命就只是為了這件事？令她覺得自己的生命沒有意義，無人喝彩。

其實她的生命本身十分精彩。但是她要求有一個外在的人——她的前夫來為她喝彩，令她的抑鬱埋下了種子。

因為她把自身價值的評判權拱手讓人，並且是送給了一個並不認可她的對象。透過一段時間的溝通，她逐漸認知到了這一點，進行了自我調整。

抑鬱有非常重要的功能。比如這位女士，抑鬱情緒為她帶來的痛苦促使她尋求外部資源的幫助，使她逐漸發現自己的內在價值，找到自己生命的意義。

小結

抑鬱的特點：

第一，處於低潮，什麼都不想做。

第二，低自我評價值，對自己的全盤否定。

第三，無望感，對改變現狀不抱任何希望。

抑鬱的成因：

第一，有些人過於在意外在功能，而忽略自己的感受。

第二，這類人無法調和自身的各種角色和所有角色之外的自己的需要。

抑鬱的意義：

第一，抑鬱可以觸發人們對自己的觀察、瞭解和反思。

第二，抑鬱有可能讓人們重新調整生命的目標，確立一種意義感。

關於情緒的箴言

①沉浸在抑鬱情緒中的人通常自我評價值比較低，並且這種低自我評價並不是特定針對某件具體的事情。

②抑鬱可以觸發人們對自己的觀察、瞭解和反思。

③抑鬱有可能讓人們重新調整生命的目標，確立一種意義感。

03 憤怒：修復受阻的連接

憤怒與其他情緒相比有一個顯著的特徵，**具有較高的能量表現**，而且無論是別人的憤怒，還是自己的憤怒，往往很容易被識別，這就是憤怒的第一個特點：憤怒很容易轉為外顯行為。當人們很憤怒但又不能把這種憤怒表達出來，在敢怒不敢言的情境下，人們可能會暫時遏制自己的行為。一旦脫離了那個情境後，可能馬上就會露出表情、做出動作以發洩憤怒情緒。

憤怒的第二個特點是，**總是在尋求釋放，但這種釋放往往會受阻。**

就好比在一條本來平靜流淌的河水中放了一塊巨石，水流需要繼續向前，所以巨石周圍的水流就會湍急起來。我曾經去過某座峽谷，那裡的水流非常湍急，形成巨大的漩渦，伴有巨大的水聲，為什麼呢？只因為有塊石頭擋住了流水的去路。這個景象就很像憤怒的外在表現。憤怒具有高能量，當它遇到阻礙時，就會試圖彙聚更多能量，衝破阻礙。

憤怒的第三個特點是，**總要指向外界的人或事。**

憤怒，往往是因為對方的行為強烈地偏離了人們的預期，所以人們在表達憤怒時可能會說：「你怎麼能這樣！」

雖然這種內在預期不一定正當，但是表達憤怒實際上就是在尋求內心與外界的一致性，或者試圖透過提高能量的等級，把自己認為出錯的外部

世界修正為自己想要的樣子。

當然，這個意圖經常受挫，因為對方也有自己的一整套觀念。

憤怒的第四個特點是，**具有強大流動性**。

強大流動性是指這種憤怒的情緒比較容易行為化，容易透過行為表達出來，這與第一個特點中的易於識別有所區分。易識別是指情緒本身，例如「氣鼓鼓」，而流動性是指這個情緒的行為化。例如，你的朋友面紅耳赤，呼吸急促，你很容易就能識別出他很生氣，這就是易於識別。你詢問他：「你怎麼了？」他可能立刻跟你說一大段關於他和另一個人發生的事情，告訴你他是多麼憤怒，對方是多麼的無禮，也就是將憤怒情緒表達出來。

這種容易透過外顯行為表達的情緒被統稱為「陽性情緒」。

相對的，前文提及的抑鬱就屬於「陰性情緒」，因為抑鬱的人什麼都不想做，所以旁人很難觀察這類人的外顯行為。舉個例子，丈夫回家晚了，妻子非常憤怒地指責他並吼著要離婚。這就是一個典型的釋放憤怒的例子。

妻子為什麼要吼自己的丈夫，為什麼要表現得如此憤怒？可能是妻子有一個內在觀念：丈夫回來晚就意味著他不在乎我。如果丈夫總是回來得很晚，又找不到妻子能接受的理由，妻子的這種固有觀念就會被不斷強化。這位妻子是真的想離婚嗎？可能並不是。對她而言，聲稱要離婚可能只是表達憤怒的一種方式。她真正想要的效果是丈夫以她能接受的方式表達對她的在乎和關注——這裡要特別強調的是「以她能接受的方式」。

換句話說，雖然可能晚歸的丈夫認為自己是在乎妻子的，但憤怒的妻子無法感受這份在乎，因為在妻子的認知裡，丈夫早點回家才是對她的在

乎；而妻子之所以採取表面上這種比較激烈的表達方式，實際上也是希望與丈夫交流。

妻子能對丈夫表達憤怒，就說明她對這種交流還抱有希望。她希望在發火之後，丈夫能更早回家。設想另一種情況，如果丈夫回家很晚，她卻一言不發，或者只是默默流淚，甚至說毫不在乎，這種情況對夫妻之間的關係而言更加不利。如果在這位妻子表達憤怒後，他們的關係並沒有改善，她的丈夫既沒有更早回家，雙方也沒有再進行溝通，久而久之，妻子可能就會對丈夫再也不抱希望，那麼就可能再度出現上述情況。從上述例子可以看出，表達憤怒實際上是在嘗試修復受阻的連接，尋求內心與外界的一致性。

而憤怒的內在機制主要由兩點構成。

第一，憤怒是失控感、失聯感、無助感的一種陽性表達。人們試圖透過釋放由憤怒累積起來的能量，把這個世界修復為想像中、希望中的樣子。因此，從某種角度來說，憤怒的意義是比較積極的。

我也在臨床中發現，如果諮詢者能表達憤怒，即便只是對我表達出來，也往往是一個好轉的跡象。特別是對一些抑鬱症患者或長時間處於抑鬱情緒的人而言，表達憤怒是一個非常明顯的好跡象。

正如前文所述，抑鬱的特點之一是失去希望，而當他們表達憤怒時，實際上正是在試圖重燃希望。

第二，憤怒具有附著蔓延的特點。

附著是指憤怒一般由一個具體的事件觸發。前文提及的「丈夫晚回家」就是一個導火線。與一些陰性情緒相比，憤怒會蔓延，而且在這種蔓

延中只能看到行為的結果，不能直接看到原因。憤怒像火災一樣，處理不當會殃及方圓數里，而遷怒就像火勢蔓延，哪裡可燃就燒到哪裡。比如那位妻子的怒火，也可能有一部分是由她在工作中對主管的憤怒蔓延而來。

下面看一看憤怒的功能。

憤怒的第一個功能是有效地尋求連接，也就是說，憤怒確實可以建立連接。

在上述例子中，如果妻子的怒火能讓丈夫意識到晚歸的行為已經引發了妻子的不滿，就可以將親密關係中的問題很好地呈現出來。既然問題被呈現出來了，他們就有機會進行調整。面對發火的妻子，若丈夫能向妻子解釋晚歸的合理原因，可能就有助於改善他們的關係。因此，憤怒本身是在溝通、尋求解決問題的方法。

憤怒的第二個功能是使心理能量流動。

人可以承受很多很強烈的情緒、情感，那麼這些強烈的情感什麼時候會成為問題或導致心理疾病？就是當這些情感無法流動的時候。所以，表達憤怒情緒也是很有必要的。但我們還是要謹慎地看待這種情緒，憤怒的危險在於，它容易把積蓄已久或以前不能、不敢、不方便表達的憤怒，在某一時刻全部釋放，此時就好像大壩決堤一樣，憤怒會氾濫成災。

你可能聽說過這樣的話，「我忍你很久了，這件事情我忍無可忍了」，然後，對方把新仇舊恨全部翻出來，傾巢而出，最終令彼此不歡而散。這樣的表達可能會為雙方的關係造成不可修復的破壞，也正因如此，很多人既害怕別人的憤怒，也很害怕表達自己的憤怒。他們知道自己一旦開始表達憤怒可能就會控制不住、難以收場。毫無節制地表達憤怒，確實可能會

造成一些無法挽回的後果，而應對憤怒情緒的方法將在後面的篇幅另有詳細說明。

小結

第一，憤怒的四個特點：高能量、尋求釋放、指向外界、強流動性。

第二，憤怒的兩個內在機制：陽性表達、附著蔓延。

第三，憤怒的兩個功能：尋求連接、心理能量的流動。

關於情緒的箴言

①表達憤怒實際上是在嘗試修復受阻的連接，尋求內心與外界的一致性。

②不節制地表達憤怒，可能會造成一些無法挽回的後果。

04 悲傷：幫助我們回歸內在

若你回顧從小到大無數次的悲傷經歷，也許會發現，它們有一個共同的特點，**與「失去」有關**。

像是，小時候你失去了心愛的玩具；隨著升學，你不得不與最要好的朋友分開；再大一點，你失戀了，失去了你認為可能是這輩子最愛的人；更有甚者，也許是某個對你而言非常重要的親人離世。這些事件帶給你的強烈悲傷，甚至讓你認為生命中某一個部分也被悲傷帶走了。從這些例子

可以看出，雖然悲傷的程度和強度不同，但是悲傷這種情緒和失去某樣東西、某種關係、某段情感皆有關。

悲傷和抑鬱不同，悲傷一般指向一個具體的喪失性事件，而抑鬱則是指向抑鬱情緒擁有者本人。這就是悲傷的第一個特點，悲傷往往指向過去，往往和某種喪失或某個無法挽回的結果有關。

這個特點實際上包含了悲傷的三個要素。

第一個要素，悲傷指向過去或指向既定事實。比如玩具已經丟失，或者同學們已經各奔東西，或者重要的親人已經離去。

第二個要素，這種既定事實都與某種失去有關。

第三個要素，引起悲傷的失去或造成的結果往往是無法挽回的。比如，丟掉的東西失而復得了，這時悲傷就會立即被消除。但實際上，生命

中總有一些失去是永遠無法挽回的。

悲傷的第二個特點是，能量往往比較低。

悲傷的這個特點和憤怒形成了鮮明對比。帶有憤怒情緒的人往往心懷希望，希望把引起自己憤怒的某個錯誤調整為自己預期的樣子。但悲傷不同，帶有悲傷情緒的人已經認知到事情無法挽回，做什麼都無濟於事，例如人死不能復生。這樣的設定相當於阻斷了悲傷者將這種情感進一步行為化的過程。

當然在某些特定情況下，人們可能還有努力的空間，此處主要討論的是悲傷在一般情況下帶來的一些反應。

下面看一看，悲傷的機制及其內在的固有結構和屬性。

悲傷的本質屬性是人們對喪失感的反映。

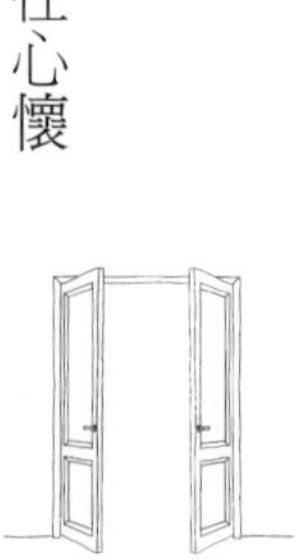

對於生命中經歷的大大小小的損失或喪失，我們可以用不同強度的悲傷進行標記。悲傷的強度越大，這種損失或喪失所造成的影響就越難以被接受。

有時候，在面對悲傷時，人們的內心總躍躍欲試地想要做些什麼，所以悲傷就很容易讓人們體驗到一種複合型的多重情感。這正是悲傷的第二個屬性。

悲傷這種情感不是單一的，在體驗上它往往包括了沮喪、失望、氣餒、孤獨、內疚等。產生這種複合型情感的內在原因是已經發生的這件事情雖然定格了，人們在邏輯上、理智上也知道其實做什麼都無法挽回了，但在心理層面，能量還在尋求一種流動、一種突破、一種表達，所以有的人感到內疚，有的人感到沮喪，有的人會產生複合型多重情感。從能量的

角度來說，悲傷也在尋求流動和轉化。

悲傷這種情緒的緊張度往往比較低，不會讓人感到很緊張。一般而言，人感到緊張都是因為準備採取某個行動或存在某個衝突。因此，人在悲傷時，特別是強烈悲傷時，其實情緒並不太緊張。

但是悲傷的擴散性比較強，它就像一張網，像池水或沼澤，讓人很容易陷進去，又難以走出來，這也正是悲傷的第三個屬性。

強度最高的悲傷往往與失去親人有關，比如一個人失去配偶或孩子等生命中非常重要的人。心理學中甚至有一個專門治療這種強烈的悲傷情緒創傷的門類——哀傷輔導。

我的一位諮詢者告訴我，在上大學期間，他的母親自殺離世了。因為某種原因，他的父親並沒有在第一時間告知他，等他得知消息趕回去時，已經是母親過世幾天之後了。在那段期間，他體會到了非常強烈的多重複合型情感。

除了悲傷之外，他還非常憤怒。這種憤怒既指向他的母親，又指向其他親人。他認為母親的行為是對他的拋棄，而父親沒有及時通知他是在剝奪他的知情權。另外，他還覺得非常沮喪和內疚。內疚感主要表現為他一遍一遍地責怪自己對母親的關心不夠。

正如前文所述，沉溺於悲傷的人已經認知到事情已成既定事實，他們無法再做挽回，但這無法阻止他們不斷回想與這件事情相關的片段。這位諮詢者覺得自己應該能發現某些跡象或預見到這件事。他認為自己應該覺察母親自殺的端倪，比如母親之前的精神狀態非常不好，但是自己卻忽略了。他陷入了一種執念：如果自己能提前做點什麼，也許就能挽回母親的

生命。這種執念使他深陷各種複雜的情緒體驗，即便他努力試圖擺脫這種悲傷，也無濟於事。

經過相當長時間的溝通，他最終意識到，其實沒有必要嘗試消除悲傷，事實上這種悲傷也無法消除。有時，只有悲傷才能表達出深情。

試想，如果他的母親離世了，他卻一點都不感到悲傷，那還有什麼情感能表達他與母親之間的聯繫和感情呢？

很多時候，你不需要也不能消除悲傷，這也是人們對待悲傷應該保持的態度。即使你強行把它消除，它也必然會透過另外一種表達方式呈現，並且會使這種情感更加扭曲。

承認、接受自己此刻的悲傷，才是一種比較好的應對方法。我們要認識這種情緒具有相當長的持久性，很難被徹底消除。甚至有時，即便你以

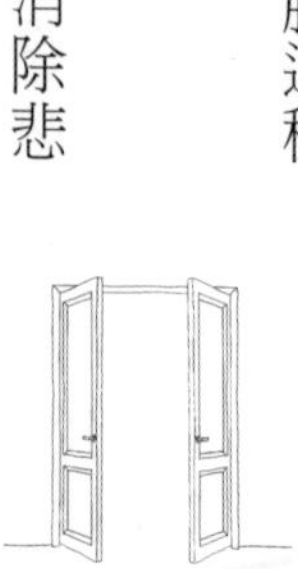

為這種情緒已經消退，但在某種情境下，它仍然很容易被再度喚起。一旦它被喚起，你便要識別它，但不需要消除它。

比如，失去親人的人，如果再次回到曾經與親人一起去過的地方，或者碰到一起吃過的食物時，可能這種悲傷會馬上再度襲來。但是，這時的悲傷有它的功能——**表達情感**，這也是悲傷情緒的第一個功能。

悲傷情緒的另一個功能是**使生命在心理層面連續和完整**。

簡單地說，人們失去了一段對自己而言非常重要的關係，或者失去了一個對人們來說重要的客體，就相當於生命缺失了一部分。於是，人們就需要以悲傷填補缺失的這一部分。

除此之外，悲傷情緒還有一個重要的功能，**幫助人們回到內在**。

比如，這位諮詢者就是因為悲傷鎖定了他的注意力，讓他有機會回顧

自己與母親相處的時光，而這種回顧是很深入的。如果他的母親還健在，或許他就沒有動力或機會做這樣的回顧。這樣回到內在的過程相當於在主觀層面把這段關係對自己的意義進行了重新梳理和命名。

這種對自己進行深入瞭解和發現的過程可能會讓人比較痛苦，但對於自身的心理成長和自我發展來說非常重要。

小結

第一，悲傷情緒的特點：指向過去，與喪失有關，往往無法挽回；能量較低。

第二，悲傷情緒的三個屬性：是對喪失感的反映；是複合型情感；具有較強的擴散性。

第三，悲傷情緒的三個功能：表達情感；使心理層面連續、完整；幫助人們回歸內在。

關於情緒的箴言

①悲傷的擴散性比較強，它就像一張網，像池水或沼澤，讓人很容易陷進去，又難以走出來。

②很多時候，你不需要也不能消除悲傷。

05 恐懼：一切負面情緒的根源

「恐懼」一詞經常被提起，但很少有人能對「恐」和「懼」加以區分，一些人也會把恐懼簡單地理解為害怕。

我認為把「恐」和「懼」兩個字加以區分很有必要，這可以使我們對恐懼這種情緒有更深入的瞭解，弄清二者在不同層面的不同表現。

「恐」則經常與「怖」連在一起。「恐」一般指向未知的事物，也就是不知道自己怕的是什麼。例如，恐怖片就會營造一種未知的氛圍，會有各

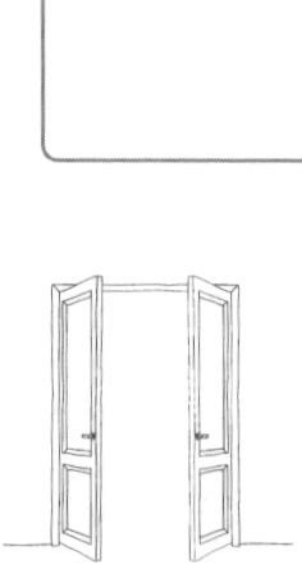

種很詭異也很嚇人的音樂和場景，即便還沒有出現任何含有恐怖內容的畫面，但那種未知的氛圍就會讓人產生恐怖的感覺。所以，「恐」往往是不知道自己在怕些什麼，但是人們非常清楚自己的身體產生了一些反應，像是牙齒發抖、頭皮發麻等。

「恐」更多的是主觀感受，「懼」往往是在考量、在盤算。比如，你怕老虎，所以總是在盤算，如果老虎出現，我該怎麼辦。

再來看看「懼」。「懼」經常與「怕」結合，「懼」的特點是人們「懼」的事物一般都是確定的，是指向外界的。比如，怕蛇，怕毛毛蟲，怕男朋友跟自己分手，怕天塌下來。如果你能說出自己怕什麼，這就是「懼」。

下面來看一看恐懼的特點。

恐懼的第一個特點是，**恐懼是一種對危險和失控的反應。**

恐懼相當於原有狀態的剎車系統，可以促使人們對原有行為進行調整。比如，一個孩子非常調皮，媽媽可能會對他說「等你爸爸回來收拾你」，如果他的爸爸非常嚴厲，這句話就可能會激起這個孩子的恐懼感，孩子的調皮行為可能就會有所收斂，所以恐懼往往會觸發迴避性的行為。要注意的是，恐懼可以觸發行為，但觸發的往往是迴避性的行為。

這就像馬戲團馴獸或者對還不能進行語言交流的嬰兒進行早期教育，仔細觀察就會發現，其中都有某些利用恐懼情緒進行管理的行為。

此處稍做展開，如果你想讓一個人產生行為，或者讓一個人行動起來，一般有兩種驅動力。例如，一個人身後有狼、老虎，或者有人拿著刀在追趕他，那麼他肯定會拚命奔跑。這種動力實際上就是恐懼帶來的。他想要迴避一個讓他感到害怕或想避開的東西；然而如果他前面有一個很喜歡的人，比如他的戀人跑在前面，他也會拚命地奔跑追趕。也就是說，第二種動力是愉悅的情緒帶來的。但此處先討論恐懼帶來的動力。

恐懼的第二個特點是，**恐懼在持續一段時間後會開始擴散。**

與憤怒和悲傷一樣，恐懼也具有擴散性，所謂風聲鶴唳、草木皆兵，就是恐懼的擴散性體現。繼續以恐怖片類比，看恐怖電影時，因為電影裡的場景已經營造了一種很恐怖的氣氛，即使電影中沒有出現令人害怕的畫面，但旁邊的人稍有動作也可能會嚇你一跳。如果沒有這部電影喚起你的恐懼情緒，那麼旁邊人的動作也不會讓你感到害怕，這就是擴散效應。同時，沉浸在恐懼情緒中的人也會變得更敏感，恐懼會使人的注意力高度集中和緊張。

恐懼的第三個特點是，**恐懼往往會引發預測式的心理反應。**

無論造成恐懼的因素是確定還是不確定的，大腦或其他的內在反應系統總是會進行各種預測。

如果恐懼的因素是確定的，比如我們知道山裡有蛇，大腦便會告知我們手上要拿根棍子以防萬一。這種預測性反應本身就是一種思考的行為。如果恐懼的因素是不確定的，比如不知道恐怖片接下來會出現什麼畫面時，我們也會預測，會不斷地觀察電影畫面，想像轉角後躲著一個人、手中拿著刀等類似的恐怖場景，不斷地產生各種猜想。實際上，這種預測可使我們消除不確定感。

恐怖小說大師霍華・菲利浦・洛夫克萊夫特（Howard Philips Lovecraft）曾經說過：「人類最古老而強烈的情緒便是恐懼，而最強烈的恐懼就是對未知的恐懼。」為了消除這種未知，人們會出現這種預測式的反應。

恐懼的第四個特點是，**恐懼往往是其他讓你難受的情緒的原發情緒**。也就是說，它會像骨牌一樣，引發其他的負面情緒。在你有一個確定害怕的標的時，恐懼就很容易引發焦慮。

恐懼還很容易引發憤怒。例如，前文提及因為丈夫晚歸而發火的妻子，她憤怒背後的原發情緒有可能就是害怕丈夫不愛自己的恐懼情緒。抑鬱也會和一些無法消除的恐懼有關，在所有令人難受的情緒中幾乎都可以看到恐懼的影子。

很難想像一個內心沒有恐懼感的人會做出怎樣的舉動。一個沒有恐懼感的人很可能處於非常極端的狀態，他可能會進入一種瘋狂的狀態，或者已經完全實現某種內在的和諧。

恐懼的首要功能是鎖定注意力。人們在感到害怕的時候往往非常專注。

大家可能都有過這種體驗：由於腦中不斷盤旋著讓你害怕的事物，這種感受會自動引發你保護自己的動機，這就引出恐懼的第二個功能——觸發行為。

和憤怒一樣，恐懼也是一種陽性情緒，會觸發行為。

恐懼時的首選行為便是迴避性的行為，例如逃跑。如果在戰場上看到有人逃跑，我們可能會說他膽小、懦弱、沒有勇氣，而他逃跑的行為主要源於恐懼情緒。也正是因為迴避性的行為是面對恐懼時的首選行為，所以我們才會將在恐懼的情境下不迴避、選擇面對或戰鬥的人稱為勇者。

但如果根本沒有恐懼，便談不上勇敢。

恐懼引起的最常見的行為就是迴避性反應，也就是逃跑；逃不掉，就只能去面對、去戰鬥；逃不掉又無力戰鬥，人們就可能進入一種麻木的狀態，

也就是通常意義上的「嚇傻了」。其實人們無非是透過這種狀態，去緩解自身的恐懼，就好像大腦中心的保險絲被燒斷了，人們就不再繼續恐懼了。

小結

「恐」和「懼」的區別：「恐」指向未知事物，強調個人主觀感受；「懼」指向的是外在確定的事物。

第一，恐懼有四個特點：恐懼是對危險和失控的反應，並由此產生迴避性行為；和憤怒、悲傷一樣，恐懼也有擴散性；恐懼能引發預測式的心理反應，人們藉此消除不確定感；它是所有負面情緒的原發情緒。

第二，恐懼的兩個功能：鎖定注意力，觸發迴避、面對或麻木的行為。

關於情緒的箴言

①「恐」一般指向未知的事物，也就是不知道自己怕的是什麼；「懼」的特點是人們懼的事物一般都是確定的，是指向外界的。

②恐懼可以觸發行為，但觸發的往往是迴避性的行為。

③人類最古老而強烈的情緒便是恐懼，而最強烈的恐懼就是對未知的恐懼。

06

喜悅：生命存續的報償系統

接下來要介紹的是「喜悅」的情緒，這是一種讓人舒適的情緒。

首先來區分一下「喜」和「悅」。與「恐」和「懼」的分析一樣，「喜」和「悅」也不一樣。

「悅」，更靠近感官，往往指透過感官的刺激，比如悅耳、悅目等直接由感官通道獲取的愉悅體驗；而「喜」則更靠近心理或精神，正所謂「人逢喜事精神爽」。

喜悅情緒的第一個特點，**最普遍的反應是讓人感到放鬆。**

喜悅這種讓人愉快的情緒也需要掌握一定的尺度，不是越喜越好，更不是時間越久越好。例如《儒林外史》的范進中舉，他卻在經歷了中舉的狂喜之後，開始變得瘋瘋癲癲了。

喜悅的第二個特點是，**往往會伴隨著興奮且協調的內在感受**。比如，如果你遇到了喜事，你可能會忍不住與身邊的人分享。

喜悅的第三個特點是，**在處於喜悅情緒時，人們比較容易與外界環境、與他人建立更好的連接**。比如，你要找主管請假，可以選擇主管比較高興或比較放鬆的時候進行溝通，這樣請假的成功率將大大提高。當處於喜悅狀態時，你也可能更容易接受他人對你的要求。

接下來討論喜悅的機制。

喜悅和獲得某樣東西或安全感有關。當得到了什麼或感覺比較安全時，人們就比較容易產生喜悅的情緒。

前文提及，喜悅時比較容易與他人建立良好的連接，這種連接是雙向的。也就是說，如果你與他人建立起一個比較好的連接，就會比較容易獲得喜悅。

精神分析的鼻祖西格蒙德．佛洛伊德（Sigmund Freud）說過一句著名的話：「唯有愛與工作是生命中最重要的事」，便是指這二者可以帶來治癒。

當你去愛時，你會嘗試和他人建立比較好的連接，這時你也會更包容他人，而這種包容和積極的連接態度本身，又會大大增加你擁有喜悅這種情緒的機會和可能性。

人們時常能從工作中獲得一些東西。其中很重要的一點就是自我肯定，也就是確定自己做什麼且能得到什麼。比如，農民春天播下種子，秋天就有收穫，這時獲得的就是豐收的喜悅。

喜悅的機制也使人們可以透過兩個有效途徑來獲得喜悅。

第一個途徑是獲得一些東西，比如，獲得良好的人際關係或從工作中獲得成就感。

第二個途徑是感到安全或擺脫危險，比如你會因為剛剛逃過一劫而感到高興。

具體來看，想獲得喜悅有兩種方法。

第一種方法是盡力追求想要的東西，當然這包括前文提及的與更多的人建立一種良性的聯繫。

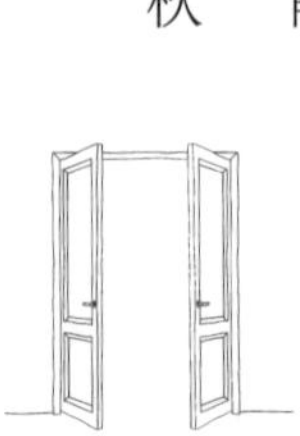

第二種方法是調整目標，使它容易實現。比如，如果每次考試都要求自己考一百分，那你可能就很難感到喜悅。調整自己的目標，讓這個目標更容易達成，這樣就會更容易獲得喜悅的感受，也就是知足常樂。

接下來看一看喜悅的功能。

第一，喜悅會讓人們放鬆。放鬆為什麼那麼重要？這是因為人們不放鬆的時候常常處於壓力反應狀態。你感覺環境中有威脅、有危險時，或者需要處理很多事情時，或者感到煩躁時，都可能處於緊張的狀態，而很多身體功能的正常發揮，比如免疫系統的正常運作，都要求身體處於放鬆狀態。放鬆感是喜悅情緒的特點，同時由於放鬆是很多後續身心活動的前提，所以放鬆又是喜悅的重要心理功能。

像是，為什麼每天一定要有足夠的睡眠？因為睡眠就是生理上強制放

鬆的過程。煩惱比較多的人，睡眠品質往往不高，這會進一步導致身體得不到放鬆，精神變得更加煩躁，形成惡性循環。再比如，你剛剛完成一場很重要的考試並放鬆下來，這種放鬆便為你的身體提供了一個重大的修復機會。

放鬆和喜悅，同樣是雙向的關係。喜悅會帶來放鬆，放鬆又會帶來喜悅。比如，到一個風景優美的地方休假，看著平靜的湖面、美麗的晚霞，身心放鬆下來後，你就會產生一種喜悅感。

第二，喜悅是生命得以存續的報償系統。

生命的動力系統有一個重要的驅動力，即生活中有一些能讓人們喜悅的人、事、物。如果沒有這些，人們就可能會生無可戀，也就是對他們而言，生命就只剩下吃苦，沒有什麼東西能帶來喜悅。

喜悅當然不可能是永恆長存的，但做為一個報償系統，喜悅只是讓人們能繼續吃苦嗎？

從功能角度而言，確實可以這樣理解。俗話說，「人生不如意十常八九」，不如意的事情總會不斷出現。喜悅就像生活給人們的甜頭，只要偶爾嘗到，就能讓人們感到生活的樂趣。

我們還可以從更廣闊的角度來思考，喜悅這種報償除了讓人們感到愉快之外，更重要的是指示作用。你產生的喜悅比較多，可以說明你這個人的內在系統，認知、思想、境界種種方面，都比較合乎自然規律。比如，你很想取得優異的考試成績，那怎樣才能享受這種喜悅呢？你要做的就是把這門課所有的內容都掌握好；反之，如果你的考試成績是不及格，那是因為很多知識你都沒有掌握到，或你對這門學科存在很多錯誤觀念。

這種理念放大到人生層面，亦是如此。如果你的內在價值體系、反應體系或所有內在觀念，都符合自然規律，在生命中你感到喜悅的時間就會更長。相反的，你如果有很多偏執、錯誤的觀念，可能在現實中就會處處碰壁，面對更多痛苦的情緒。

但是這些痛苦的情緒也是有用的，就像你做錯題時被打的大叉，雖然會帶來痛苦的情緒，但也為你瞭解正確答案創造了機會，所以從這個角度而言，喜悅本身又是一個檢驗系統，檢驗你對世界的認知是否正確。

關於情緒的箴言

① 喜悅是生命得以存續的報償系統。

② 喜悅本身又是一個檢驗系統，檢驗你對世界的認知是否正確。

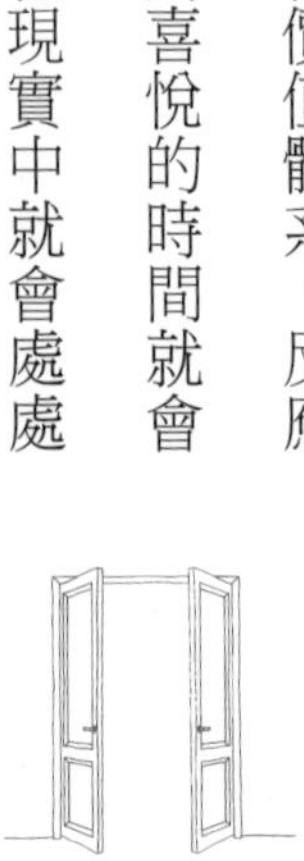

第三章

看待情緒

01

能量：情緒是生命力的象徵

這一節將探討如何看待情緒。

「看待情緒」將為應對情緒打下基礎。所以，在這裡，我們要先建立一些關於情緒的新觀念。

如前文所述，情緒並不是單純由外界刺激造成的，而是經過了人們內在反應系統的構建與加工。也就是說，觀念系統把外界的刺激建構成人們所體會的情緒。

情緒是一種心理能量，這是我們常常忽略的一個事實。任何行為背後都需要能量的推動。當然，這種能量可以是肌肉能量，可以是智力，還可以是情緒。

這是什麼原因呢？就是因為人們常常沉浸在情緒帶來的感受之中。比如，喜悅會帶來愉悅的感受，而焦慮、抑鬱、悲傷等則會帶給人們痛苦的感受，這些感受可能就會阻礙人們意識到情緒是心理能量的本質。

觀察別人時，人們往往只能看到別人的外顯行為，但只要深入了解就會發現大部分行為都是由情緒驅動的。情緒和行為的關係就好像旗子和微風，如果看到旗幟在飄動，那麼背後肯定有無形的風在推動它，而推動各種行為產生的就是做為心理能量的情緒。

沒有情緒，我們可能什麼也做不了。就像在嚴重抑鬱時，人們可能連難受的感覺都沒有了，甚至好像什麼情緒都表達不出來了，臨床上稱這種情況為「抑鬱性麻木」。患者在此時往往沒有情緒，也沒有任何可觀測的行為，這個患者可以不吃不喝，保持同一個姿勢一整天甚至很多天，像是與世界失去了連接。在這種狀態下，有些人雖然在生理上或物理上還存在，甚至是完好的，但是由於沒有情緒這種能量的推動，實際上他已經處於與外界失聯的狀態。

有如一部手機，在沒電的時候就是一堆機械，不能發揮任何作用。

另外，情緒這種心理能量的釋放是有方向的。一般來說，情緒釋放的方向可分為向內和向外。

向外釋放的、行為化的情緒是陽性情緒。反之，向內釋放的情緒，從外在或外人很難觀測到明顯行為的情緒，就是陰性情緒。

前文所述的六種情緒中，向外流動的陽性情緒有焦慮、憤怒、恐懼、喜悅，而向內流動的陰性情緒主要有抑鬱和悲傷。例如，焦慮的人可能會喋喋不休或坐立不安，這些都是外人可以觀察到的；憤怒的人可能會怒不可遏，可能做出摔鍋砸碗的行為；恐懼的人可能會產生很多迴避性的行為，像是逃跑、隱蔽；而喜悅的人可能會表現出喜上眉梢或者四處和人分享喜悅，他們都有很多可以被輕易觀察到的外顯行為。但是有抑鬱或悲傷等陰性情緒的人可能僅僅表現出愁眉苦臉而難有其他表現，特別是沉溺於抑鬱情緒或長時間悲傷的人，別人可能只會覺得這個人提不起勁來，除此之外很難再發現其他外顯行為。如果你說：「我們去唱KTV吧。」有抑鬱情緒的他可能會冷淡地說：「沒興趣，不去。」

能量可以轉化。水力發電、風力發電就是位能或動能轉為電能。電能被傳輸到家庭中後又會轉化為其他能量。可以相互轉化是能量的一個特點。

情緒做為一種能量，也可以進行轉化，而不僅僅是不斷被消耗，這一點特別重要。

憤怒和抑鬱都是能量。如果抑鬱的人能把抑鬱轉為憤怒，那麼他就可能好轉。從抑鬱這種陰性情緒轉為憤怒這種陽性情緒，可以使情緒的流動性增強。

焦慮亦是如此。焦慮可能只停留在思維層面，若你總在擔心「考試要是不及格了怎麼辦」或「主管對我的工作不滿意怎麼辦」，這時就需要把焦慮的能量轉為有效的行為，比如擔心考試的人，就會更努力地複習。複習這項行為就是在利用焦慮轉化來的能量。

由此可知，情緒做為心理能量，有三個不同的層次。

第一，情緒做為心理能量驅動了行為。

第二，情緒能量的釋放有方向性，可以據此將情緒分為陰性情緒和陽性情緒。陰性情緒很難轉為可觀察的外顯行為，而主要是一些自身的主觀感受，比如難受；而陽性情緒則可以比較容易地轉為外顯行為。

第三，情緒能量可以相互轉化。例如，持續焦慮的人可能慢慢轉向抑鬱，因為如果焦慮找不到緩解的方法，日漸增加的無望感便會轉為抑鬱。

那麼，應該如何應用這個觀念呢？

第一，當觀察自己或他人的某個行為時，可以嘗試透過觀察這個行為的能量程度，也就是透過行為觀察情緒，分析究竟是什麼情緒驅動了這個行為。

例如，一個原來有很多興趣愛好的人突然什麼都不做了，是不是遭遇了什麼導致他的能量降低的事，或者發生了什麼事使他的情緒狀態轉為抑鬱？這對於想在早期識別出周圍人的抑鬱症傾向很有幫助。

第二，在發現情緒後，因為能量或情緒往往由觀念驅動，所以又可以透過能量看系統，找到反應系統以及支撐它的觀念。行為、情緒、觀念構成了一個對外在產生反應的精神系統。

瞭解了這些觀點之後，我們就可以透過行為看到情緒，然後再透過情緒看到內在認知系統，從而更好地認識情緒、認識自己。

小結

如何理解「情緒實際上就是心理能量」以及如何應用的理念。

第一，情緒做為心理能量推動行為的產生。

第二，情緒的釋放是有方向的，情緒由此被劃分為陽性情緒和陰性情緒。

第三，情緒做為一種心理能量，和其他能量一樣，也可以進行轉化，可以轉化為另一種情緒，也可以轉化為一個行為。

關於情緒的箴言

①情緒做為一種能量，可以進行轉化，而不僅僅是不斷被消耗。

②行為、情緒、觀念構成了一個對外在產生反應的精神系統。

02 身體：情緒不只在頭腦中

前文提及的在舅舅家吃糖果的例子中，你在舅舅家嘴裡含著糖果的時候，首先會在生理上產生愉悅的感覺，心理上也會隨之產生開心的情緒。如果你每次去舅舅家，舅舅都給你糖果，那麼這種開心情緒的反覆出現就會使你逐漸形成一種情感：我很喜歡舅舅。當然，這種情感背後還有一些其他的延伸觀念，比如「舅舅對我很好」。

不難看出，情緒和情感是不同的。你擁有的某種情緒可能是一種活化

的情感。活化是指這種情感已經連接了你的身體，很多表述情緒的詞語，其實都是在表述身體的狀態，例如眉飛色舞、手舞足蹈、坐立不安……這些詞語看似描述的只是身體的動作，但實際上也在表達動作背後的情緒。可以說，情緒和身體之間息息相關，很多未能表達、言說的情緒，實際上都被儲存在身體裡。

也就是說，情緒既與語言有關，也與身體有關。情緒在活化的狀態下，可能會被「言說」，以語言的形式進入意識，或者轉為某個行為以釋放能量；也可能會與意識失聯，沉入身體。因此，身體要麼是情緒的土壤，要麼是情緒的終極容器。

很多時候，因為環境的壓力或自身的應對模式，我們並不能直接表達情緒，這部分情緒卻會在夢裡表達，這一點也很神奇。在研究過程中，我發現不少人很多時候會在夢中表達在現實中沒有機會表達的情緒。例如，你在白天時很憤怒，但是沒有表現出來，那麼在夢裡，你可能就會酣暢淋漓地把讓你生氣的人罵一頓或打一頓。

我的一位諮詢者是大眾眼裡無可爭議的成功人士，卻因為經常做噩夢而向我諮詢。

他向我講述過這樣一個夢：「我在一個很高的建築物頂樓，像是住宅，又像是辦公室，裝潢很豪華，似乎是一場聚會剛結束，現場一片狼藉。人都走了，我也準備要走。我推開一扇以為是通向外面的門，結果發現到了另一個房間。光線很暗，裡面的東西非常老舊，一張木板床上放著破棉被。我的心情開始煩躁，也有些害怕，害怕找不到出口。突然間，我發現地面上有個方形的洞，就像還沒有施工完的工地。房間裡很暗，我差

點從那個洞掉下去，然後我就嚇醒了，醒來感覺身體微微出汗。」

這個夢非常典型。「很高的建築」代表他是身處高位的成功者，「聚會」表示外部的認可和簇擁。聚會後的「狼藉」表示內在的無序，「尋找出口」就是找出路。「那個房間」就是他更內在的內心世界。而「破棉被」的內涵很有意思，古人有句話「金玉其外，敗絮其中」，這正是他內心的呈現，那個洞就是他擔心掉下去的深淵。

雖然他很成功，但從事的也許並不是自己喜歡的工作，因而產生了焦慮。這種長期、隱隱積累的焦慮和恐懼達到了一定程度後，便會在夢裡被集中表達。

儲存在心裡的情緒還有一種表達途徑——轉移。轉移是指情緒會在日常生活中找很多表達的機會。比如聽歌時，悲傷的人往往喜歡聽悲傷的音樂，這就是一種替代性的表達，聽著別人的歌，表達著自己的情緒。有些失戀的人會喜歡聽一些苦情的歌，因為自己很難用語言表達這種悲傷情緒，只有在聽這些歌時，儲存在身體裡的情緒才得以傳遞，也就相當於能量在流動。

其實，身體與情緒是雙向互動的。

一方面，情緒可以影響身體；另一方面，身體也可以影響情緒。

這樣的例子不勝枚舉，就像是有氧運動會使大腦產生腦內啡，從而使人產生愉悅感。

你還可以嘗試這樣一個小練習：每天早上起來對著鏡子做一個笑臉。做笑臉前你可能沒有什麼特別的情緒，但是微笑後，你的心情可能就會逐漸變好。你還可以做一些伸展動作（像擴胸運動），這也會使情緒變好。

有些容易感到害怕、恐懼的畏畏縮縮的人，如果嘗試抬頭挺胸或插腰，也會慢慢發現身體上的變化其實會影響自己的情緒。

身體和情緒都具有一個特點，它們都是當下的、真實的存在，意即身體和情緒都具有當下性。比如，夏天你在一個舒適的冷氣房裡，身體感覺很涼爽。但當你走到室外炎熱的大太陽下時，在冷氣房裡的涼爽感覺不會延續到太陽下。情緒也一樣，生氣的時候，那一刻的情緒就是真實的，不管你做得對不對，也不管你認為該不該生氣。又比如，孩子一會兒哭一會兒笑，哭和笑在當下都是真實的。這一點非常重要，要活在當下。

現在也有很多關於應對情緒的辦法，像是正念、冥想，它們都有一個特點，就是讓你關注自己的身體，而身體又是情緒的根本。也就是說，關注身體在某種程度上就是在為情緒抒壓。

在練習正念、冥想時，你的身體在表達，而身體永遠是在當下的。當把注意力放在身體上時，你就可以不再胡思亂想，這正是一種疏通情緒的絕佳方法。

小結

第一，情緒和身體存在關聯。

第二，未能表達、言說或未能意識化的情緒，其實都被儲存在身體裡，透過夢境或轉移表達出來。

第三，身體和情緒是雙向互動的。

第四，身體和情緒都具有當下性，情緒透過身體把人們鎖定在當下。

關於情緒的箴言

①很多未能表達、言說的情緒，實際上都被儲存在身體裡。

②聽著別人的歌，表達著自己的情緒。

③當把注意力放在身體上時，你就可以不再胡思亂想，所以這正是一種疏通情緒的絕佳方法。

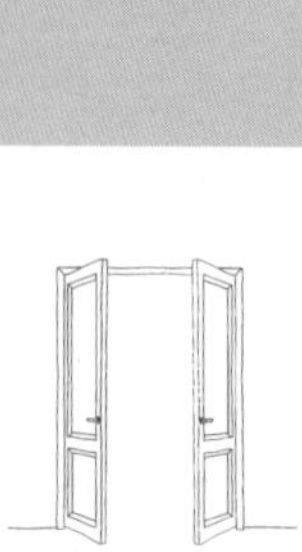

03 信使：每一種情緒都是心靈的使者

每一個能被感受的情緒都像一個信使。既然有「信使」，自然也會有寄信人和蘊含資訊的信件。那麼，信件的中心資訊到底是什麼呢？

其實情緒可以呈現出三方面的資訊。

第一，情緒可以呈現出觀念系統。

人與人之間到底有哪些區別？人們的視力可能有好有壞，聽力可能有好有壞，味覺也可能有好有壞，但這些差別顯然是很有限的。既然是同

類，人們在感官通道上的感知基本上便是相近的，換句話說，對冷熱、香臭的感知，很多人都差不多。

那麼人與人之間的巨大差異是什麼？這種差異存在於觀念系統或價值系統中，什麼是好、什麼是壞、什麼是對、什麼是錯，由於人們對這些觀念的認知不同，互相之間的差異就會很大。

第二，在這些基本的好壞對錯之外，情緒還能呈現出個人的應對模式。

面對同樣一件事，兩個人都覺得這件事不好，但是一個人可能會說出來，另一個人則可能不會。實際上觀念系統和應對模式才是人與人之間存在差別的本質原因。

所有情緒都是高度個性化的，在同樣的情境中，比如看同一部電影，不同的人會產生不同的情緒。即使是一些公認會使人消極的事情，比如失戀，每個人對此的反應也可能截然不同，當然所產生的情緒也不同。

第三，情緒呈現的是當下的一種需求。

需求和反應系統的關係是，情緒活化了個人需求，反應系統回應或解決需求。你餓了，這個信號是被表達出來的需求；你想找點吃的，這就是需求被活化了；你喜歡吃辣，所以你希望選擇一家麻辣火鍋店，這就是反應系統做出的回應。

人有三大基本需求需要被滿足。

第一大需求就是存在，即活著。首先人們要活著，才可保持生命的存續。

第二大需求就是連接。與人連接是人類基本的需求，其中有著深遠的

生理、心理或社會層面的基礎。人是社會動物，人類能進化至食物鏈的頂端，與人類彼此的協作連接有很大關係。連接是每個人的基本需求，這與前文所述的主客關係基本結構相對應。

第三大需求就是被認可。

要注意的是，這三大需求處在不同層級。

首先要滿足存在的需求。其次，彼此間要有關係，能在心理層面建立連接。人際連接是以關係呈現出來的，最後，在關係的存續過程中要盡量被認可。這就是為什麼大家在發了社群動態之後，有時會想看看有沒有人給自己點讚，因為點讚即表示認可。

每個情緒的背後都會呈現關於個人的一些特異、穩定的訊息。這種不同個體的情緒傳遞資訊的特定模式，被稱之為人與環境或主客體的關聯式結構。

人與環境或主客體之間的關係基本結構可被分為以下兩類。

第一類，連線性的結構；第二類，切斷連接的結構。

有的人天生就有一個基本的動力模型——趨樂避苦。

什麼東西讓人高興，他們就想多擁有一會兒、多停留一會兒。環境讓他們感到愉悅、安全，他們就會嘗試與它進行連接；什麼事情使他們難受，他們就想盡快逃離。

哪些情緒能把人和環境連接起來呢？

首先是喜悅。當決定約誰出去玩時，你一定不會約一個讓自己反感的人，因此這種基本的情緒就能反映出連接的結構。

憤怒的情緒其實也可以呈現出連線性的結構。憤怒雖然讓人難受，但是一個人之所以憤怒，其實是因為還未放棄把難受變為好受的希望，所以憤怒也是一種連接。雖然憤怒的人總是直接表現為意欲對他人或外界的人、事、物進行調整，但是只要著手進行調整，就必然要進行連接。

焦慮實際上也屬於連線性的結構，因為焦慮會促使我們產生很多行為。產生焦慮的初因往往是人們在擔心某件事，這種擔心會促使人們嘗試透過一些行動避免正在擔心的事情變為現實，這時人們就會與環境及他人產生連接。

那麼，切斷連接的結構有哪些情緒呢？

可能有些人馬上就會想到抑鬱。有些抑鬱症患者會有一些極端的想法，在心理層面上永久性地切斷主體和客體、當事人和世界之間的連接。

除了抑鬱，羞恥這種情緒也會讓人們切斷連接。俗話說的「恨不得找

個地洞鑽進去」，也就是當下希望自己消失，不再和這個世界有聯繫。

在瞭解這兩個基本結構之後，就需要明白，切斷連接的情緒產生時，你要注意讓它逐漸地轉為與外界的人或事物的連接，這是一種流動和轉化。試想，如果切斷與外界的連接，你就會越來越孤立，而且因為沒有外顯行為，沒有與人交流，沒有與外界進行互動，因此也就沒有人給你回饋。你的很多感受會離意識越來越遠，這是一種很典型的下墜感受，這也與前文提及的擴散性相關。

在這種情況下，人們常常會處於一種「有感受、無覺知」的狀態。這種狀態讓人覺得痛苦難受，但又難以具體言說，更不清楚造成這種狀態的原因，也無法找到改善的方法，而這種無力感又會加重人們對這種痛苦的感知。

前文提及，每種情緒實際上都能反映出人們應對外界刺激的模式，以及如何與外界連接。瞭解這一點後就會發現，思考如何處理情緒並沒有實際意義，就如同汽車的油量指示表上的紅燈亮了，它是在提示你汽車沒油了。在看到這個指示燈亮了的時候，在一般情況下，人們不會把指示燈的線路截斷說「好討厭」，而是去加油站為汽車加油，只要加了一定量的油，指示燈自然就熄滅了。

但也有人會選擇直接處理情緒，原因非常簡單，這個情緒讓他感到太難受。

每個人處理情緒的模式不盡相同，很少有人能完全瞭解自己的模式，人們往往只是一味地按照自己原有的模式處理情緒。有的人一焦慮就會暴食，有的人一憤怒就會酗酒，還有的人遇到不如意之事就會喋喋不休地向周圍人傾訴。只要人們看到並滿足了情緒背後的訴求和需求，情緒自然就會平復。

在瞭解了情緒背後的反應系統、應對模式以及當下的需求後，人們就能更好地應對各種情緒。比如，你會因為戀愛對象不回應你而感到憤怒，但如果你明白了這個情緒背後暗含的資訊，可能就能暫時放下憤怒、怨恨甚至分手的想法，採取進一步行動。

你可以感受一下憤怒背後的觀念到底是什麼。也許是對方的不回應，使你尋求連接和認可的需求受阻，但實際上對方可能並無惡意，只是剛好在想其他事情，沒有聽到你說的話，而你卻認為對方故意切斷與你的連接，所以你開始生悶氣。你還可以根據自己的反應審視自己的應對模式。比如，你第一時間是想知道對方不回應你的原因，還是你已經把自己的想

法投射到對方身上，這就取決於你的信使傳遞的是什麼訊息。

你可以先冷靜並客觀地分析對方沒有及時回應你的可能原因，可以得到以下可能：也許對方只是剛好分心沒聽見；也許對方今天很累，不想說話；也許對方確實是故意不回應你，但這也可能是因為對方在生你的氣。更重要的是，對方的情緒也承載了關於他的資訊，充分瞭解這些資訊後再與對方進行溝通，也許會更加有效。

情緒並不是孤立的，它像是一片網路，而且每時每刻都在產生。把情緒當成一個資訊系統，便能更好地接受別人和自己的情緒帶來的感受。

小結

第一，情緒是信使，其所傳達的資訊就是反應系統、應對模式和當下需求。

第二，人的三大基本需求就是存在、連接和認可。

第三，人和環境之間的兩種基本結構：連接和切斷連接。

第四，在深入理解情緒是信使這個事實後，人們在應對情緒時就能產生一些全新的觀點。

關於情緒的箴言

①觀念系統和應對模式才是人與人之間存在差別的本質原因。
②所有的情緒都是高度個性化的。
③人們天生就有一個基本的動力模型——趨樂避苦。
④之所以憤怒其實是因為還未放棄把難受變為好受的希望。
⑤很多感受會離意識越來越遠，這是一種很典型的下墜感受。
⑥把情緒當作一個資訊系統，便能更好地接受別人和自己的情緒帶來的感受。

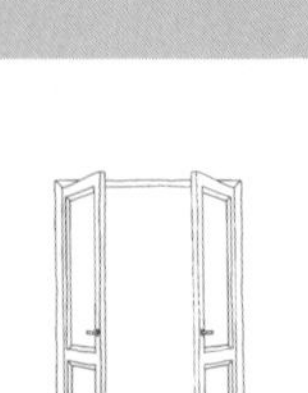

04 狀態：壞情緒也是留不住的

「壞情緒也是留不住的」，這是一種很有意思的表述。

一般而言，當所謂的壞情緒或讓人難受的情緒來臨時，人們總是想盡辦法消滅它，但是這句話提供了不一樣的思路：也許不去消滅這些情緒，這些情緒會走得更快。

換言之，可能正是處理壞情緒的想法、行為，把這種壞情緒牢牢地、持久地留在了人們的精神世界中。

很多人可能會覺得這說法難以置信，我想透過一個令人印象深刻的故事來解釋。

我曾遇到一位年邁的女性諮詢者，她有五、六位陪同者，他們一起湧入諮詢室，把我嚇了一跳。雖然事先有預約，但是我沒想到會來那麼多人，其焦慮程度可見一斑。

困擾這位諮詢者的問題是失眠。她說自己可能有十多年都沒有睡過一個好覺了，他們一家人想了各種辦法，去過很多醫院，也吃過很多藥，效果都不好。在別人的建議下，他們來到我這裡再嘗試一下。

這位女性諮詢者比較瘦削，個子不高，她的口條並不清晰，我和她溝通起來有點費力。但是我嘗試做了一件事情：在她跟我訴說了她的苦惱後，我沒有回應她說的任何一句話。因為她無非就是在描述自己睡不著這件事實，像是她一到晚上就非常緊張，擔心自己會睡不著，然後她就會真的睡不著。

等她說完了，我才對她說：「我們先把妳剛剛說的那些放在一邊，現在先不去想那些，做點別的。妳把注意力放在自己的身體上，感受妳坐的沙發軟硬度，感受一下這個房間的光線明暗，然後把注意力放在我的聲音上。再看一看妳身體此刻的狀態，有什麼感覺都可以說出來。」

這樣過了十分鐘，她就在諮詢室裡睡著了。我沒有讓她一直睡下去，大概過了二十分鐘就叫醒了她。她醒來後說自己已經很久都沒有這種睡得很好的感覺了。

因為她住得比較遠，難以連續進行諮詢，所以我跟她說：「這個方法每次都可以試著做，一旦妳擔心睡不著，就把注意力放在自己的身體上。」

換言之，就是不要跟擔心睡不著的焦慮做鬥爭。對這位老人家而言，她的困難根本就不是睡不著，因為睡覺是人的本能，是不需要學習的天性。那是什麼讓她睡不著呢？答案就是多年來的焦慮。

一到晚上甚至還在白天時，她就把大量的心理能量投入對失眠的焦慮和恐懼，由於對這件事非常「勤奮」，她就真的十幾年都睡不好。解決這個問題的辦法並不是教她怎麼睡覺，而是教她減少對壞情緒的抗拒。

我的觀點正是，情緒就像天氣，會時常發生變化。

下再大的雨，你也不必過於擔心，它總是會停的。《道德經》有言：「飄風不終朝，驟雨不終日」，說的就是狂風暴雨不會一直持續下去，不管當下的天氣怎樣，變化總是會發生的。情緒也是這樣。

如前文所述，情緒做為一種能量，會推動行為的產生，或者轉化為另一種情緒，而一些不能表達也不能轉為行為的情緒，可能就會被儲存在身體中。既然情緒本身會發生變化，為什麼很多人還會有那麼深的情緒困擾呢？做為情緒的擁有者，我們能否做一些事情來推動情緒的變化？

答案是肯定的，只是很多人都有加速變化的主觀意願，只是欲速則不達，他們做的這些試圖加速情緒變化的事情往往適得其反。因為他們不瞭解情緒，也不瞭解情緒的運作機制，在處理、消滅情緒的同時，人們反而把更多的能量注入這些壞情緒。大量情緒問題的產生和持續都是由於處理不當使情緒喪失了流動性，這些情緒本來正要流走，你卻緊緊抓著它。

就像家裡來了個不速之客，你有點討厭他，想快點讓他走，於是你罵他，然後他又回罵你，時間在互罵的過程中流逝，也許他本來可以離開得更早一些。而跟所謂的壞情緒做鬥爭，實際上反而可能會把這些情緒牢牢

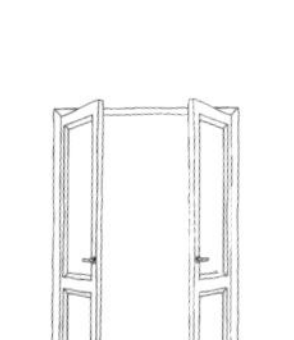

地留住，這種現象其實非常普遍。

情緒問題的產生時常是因為情緒喪失了流動性而很難轉變，所以應對情緒的思路就是增強情緒的流動性。

如何增強情緒的流動性？最好的辦法就是把情緒表達出來。不是用行為表達，也不是用身體表達，而是用語言表達。只有用語言表達出來，情緒才能非常清晰地進入意識。心理學有個名詞叫「見諸行動」，意思是當內在存在某個情緒，但是不能直接表達出來時，人們就會做一些事情，甚至可能是後果比較嚴重的事。比如，一個人可能在工作中對老闆的一些作法感到不滿，覺得老闆不理解自己或看輕自己，但是又不能用語言表達這種情緒，於是直接辭職了。

有的人可能會認為用語言表達情緒很容易，但實際上並非如此，很多人都無法用語言表達情緒。我在臨床經驗中發現，很多時候，來訪者說出的不是情緒，而是批判。如前文所述的生氣的妻子，實際上是對丈夫晚歸的行為感到恐懼、焦慮，她希望丈夫能早點回家，但是說出來的卻是「你不愛我，我要和你離婚」這種帶有批判色彩的話。

要想轉變「壞情緒」，除了要準確地用語言表達情緒，還要明白這種表達分兩個方面。

第一個方面就是要分清所要表達的情緒的種類，而且種類劃分得越細越好。

比如，有的人描繪情緒的用詞非常少，就是「好」或「不好」。這就像相機的像素太低了，拍出來的照片就會十分不清晰，並不利於完整表達。再用那位丈夫晚歸的妻子為例，妻子表面上表達出來的情緒是憤怒，

但其實仔細分析就會發現，妻子的憤怒情緒背後還有恐懼和焦慮。如果丈夫和妻子沒有看到這些豐富的情緒，可能兩個人就會越來越生氣，最後就真的走到了離婚這一步。

第二個方面，除了表達情緒的種類之外，還要注意表達情緒的強度。

強度也是一種解析度，越細緻越好。細緻地表達情緒有一個前提條件，就是覺察情緒。比如，我請你數一數盒子裡有多少珠子，如果數珠子代表表達，你首先要看到裝珠子的盒子。而要覺察情緒，我們首先就要與感受相連，與感受相連就必然要與身體相連。那位失眠的年邁女性，因為身體本來就有很強烈的睡眠需求，所以當她放下阻礙睡眠的焦慮時，身體很快就進入了睡眠狀態。

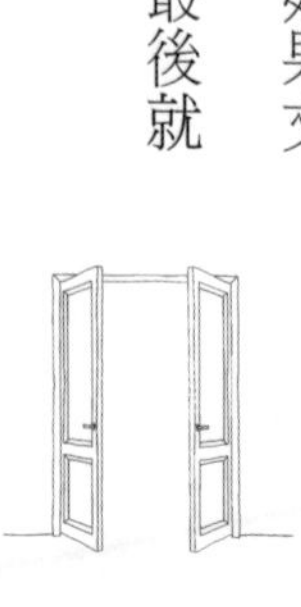

小結

第一，情緒本來就會像天氣一樣會發生變化，可以轉變為行為，也可以流入身體，或者轉變類型。

第二，情緒問題的產生往往是由於情緒喪失流動性。將情緒直接轉化為行為並不是最佳的方法，用語言表達情緒才是最好的讓情緒流動的方法。

第三，在表達情緒之前，首先要嘗試覺察它。覺察情緒的很重要的方法和途徑是與身體建立連接。

關於情緒的箴言

①情緒就像天氣，會時常發生變化。

②試圖加速情緒變化的事情往往適得其反。

③只有用語言表達出來，情緒才能非常清晰地進入意識。

④要覺察情緒，我們首先就要與感受相連，與感受相連就必然要與身體相連。

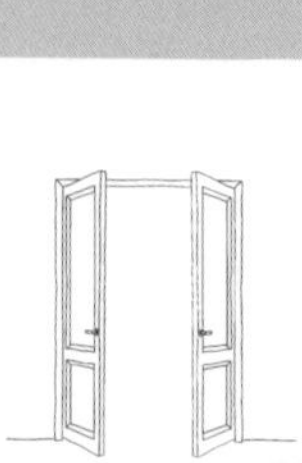

05 動機：清晰的邊界與合理的目標

接下來探討情緒和動機的關係。

什麼是動機？心理學的認知理論認為，動機是激發和維持有機體的行為，將此行為導向某一目標的心理傾向或內部驅力。換句話說，動機的功能實際上就是在有機體確立一個目標後，對其進行激發、保持、調整。舉個例子，一頭豹子要去抓一隻羚羊，牠不一定一次就能成功。首先牠要有動機，那就是這頭豹子想吃羚羊，然後牠開始捕獵行為；在失敗之後，牠

需要持續進行調整。第一次可能是因為羚羊剛停下它就撲了過去，這時羚羊的反應非常快而及時逃跑了。第二次捕獵時，這頭豹子就知道要等羚羊放鬆警惕，比如正在吃東西時或者已經入睡再襲擊。

那麼動機和情緒之間是什麼關係呢？每個人一定都有自己想要的東西，這就是一個動機。如果追求的方向錯了，人們可能就不會有好情緒。例如，你追求的是長生不老，最後肯定會很苦惱、沮喪，因為這是求而不得的。

據我觀察，追求方向錯誤的最普遍的情況是模糊了主體和客體的邊界，主客邊界模糊時，就容易引起負面情緒。

舉個例子，一位男士暗戀一位女士，他很想表白，這是完全合理的。問題出在第二步，他可能會有很多讓自己難受的情緒，比如焦慮、恐懼和

擔心。這些情緒是怎麼來的？答案是活在自己的猜測和想像中。他可能會揣測：「就我這個樣子，她會不會不喜歡我」，或者「她一定不會喜歡我」，或者「她長得那麼漂亮，身邊應該不乏追求者」，或者「她肯定不會接受我的某個缺點吧？」他把所有的關注點都放在對方的感受和評價上，而這些揣測對他而言，既不可知，也不可控。

事實上，因為他還沒有採取行動，不可能知道那位女士是怎麼想的，然而這一點卻不妨礙他進入一種非常難受、煎熬的情緒狀態而變得患得患失。對方多看他一眼，他會覺得有機會；對方沒注意他，他覺得肯定沒戲唱，整天處於這種情緒中而不採取任何行動，這就是模糊了主客邊界。

那麼，怎樣才不算模糊了主客邊界呢？答案是讓自己成為操作的對象。那位男士與其擔心自己無法成功追求到那位女士，不如主動找她身邊

的朋友瞭解她的喜好，甚至直接對她旁敲側擊，做一些自己實實在在能做的事情。另外，他可以先提升自己，例如可以先努力改正自己的缺點。如果他覺得自己很胖，那麼可以先健身。健身這件事便完全是他可控的、可知、可行的。

當然，也許他做了這些事情後，對方最終還是拒絕了他，但是無論如何，當劃分好主客邊界後，他可以過得很充實。盡人事聽天命，人們可能就不會對整件事產生太多太強烈的難受情緒，因為做的每一件事情都有目標，都有意義，所以動機就會被維持得很好。

接下來，我再分享一個真實的例子。

一個女孩很喜歡一個男孩，她覺得男孩非常優秀。所以女孩努力提升自己，想讓自己配得上對方，她拚命學習，最終考上了研究所。雖然她最後並沒能跟那個男孩在一起，但是她在整個過程中過得非常充實、積極向上，這對她的未來、對個人的提升絕對有很多好處。

一旦調整好了目標，情緒狀態就不會受被動影響。

如果沒有設置合理的目標，情況又會怎樣呢？

如果目標設置得太高，自己總是達不到設置的高標時，就會產生挫敗感，或者感到悲傷。比如，你要求自己每次考試都要得一百分，那麼你的情緒肯定不會好。即使經常得九十九分，由於沒有達到自己的目標，你可能還是很難受。面對這種情況，你需要將原來的目標調整到一個合理的狀態。

所謂合理的目標就是透過努力能達到的目標。這樣一來，人們在整個實現目標的過程中就會比較積極。達到目標，人們就會感到喜悅；沒達到目標，人們也可能會認為自己已經問心無愧了。如果對目標的設置和調整都很合理，那麼你就會變成一個很積極的人。

國外有一項很著名的研究：對幾乎各個行業的成功人士進行研究後發現，除了大學教師這個職業之外，其他所有行業成功人士的成功其實與智力的相關性都不大。也就是說，並不是越聰明的人就越容易成功，或者成功的人就一定很聰明。

這項研究還發現，與成功高度相關的原因是這些成功人士往往更擅長設定能透過努力實現的目標，並且不斷實現這些目標。這樣，他們就能體驗更多的自信和「好情緒」，經歷的挫敗感就會相對較少。

有一位三十五歲的某證券公司女性高級主管，她的學歷很高，受過良好的教育，收入也很好。但她的情緒卻不太好，長期處於慢性焦慮之中。

困擾她的是，她的親密關係總是有不好的結局。

在我的引導下，她逐漸發現了一些問題。

第一，她的長期焦慮是因為她一直以來對自己有傾向於完美的要求，所以她做事總是非常投入，也因此取得了事業上的成功，但是久而久之，她的心理層面已經無法負荷持續存在的消耗。

她不僅嚴於律己，而且在親密關係中對對方的要求也很高，所以常常經過了短暫的甜蜜期後，她就犯了一個前文提及的主客邊界不清的錯誤。總是把對方當作自己的某種延伸來進行要求。通常她欣賞的男性本身也比較優秀，而優秀的男性往往不能接受別人把自己當作物品一樣操控和要求，他會覺得不被尊重，因此他們的關係就無法持久。

我們調整了她的目標，說服她分清關係中的主客邊界後，最終她進入

了一段不錯的、非常甜蜜的親密關係。

如果你長期受到難受的情緒狀態影響，很有可能正是因為你的動機不恰當。正確的作法是不管你想要的是什麼，在行動時都要劃清主客邊界。因為主客不清、試圖操縱外在客體的結果就是產生焦慮、恐懼等情緒。

首先，你要把行動完全回歸到自己可知、可控、可行的主體範疇中。其次，你要確立一個透過努力有希望實現的目標，而不是基於完美主義設置一個理想化的目標。因為當設置的目標很難達到時，人們就很難堅持，或者總是感到挫敗。

如果做到了以上兩點，你就會發現，情緒做為一種能量，比較容易轉為有效行為。

由於已經被轉化為有效行為，情緒就可以不斷地保持、進行平緩的流動，相當於為持續的行為提供了源源不斷的能量。

小結

「看待情緒」這個模組提供了以下幾個新的觀念。

第一，情緒是一種心理能量，驅動人們產生各種各樣的行為。

第二，情緒不僅出現在頭腦中，也會被儲存在身體裡。

第三，每種情緒都是一個信使，要學會解讀其背後的訊息。

第四，情緒就像天氣一樣，是一種狀態，本身就會流動變化。

第五，情緒與動機也有密切的關係。

關於情緒的箴言

①主客邊界模糊時，就容易引起負面情緒。

②盡人事聽天命，人們可能就不會對整件事產生過多太強烈的難受情緒。

③成功者往往更擅長設定能透過努力實現的目標，並且不斷實現這些目標。

第四章

應對情緒

01 發洩：過度流動的情緒

這一節將討論如何應對情緒。其實，前面三節都是在為應對情緒這一節做鋪陳。

首先我們透過反應系統這個概念重新認識情緒，然後對六種典型的情緒進行一些更深入的探討，接著在看待情緒這一節中，我為應對情緒引進了一些新的視角和觀念。

在討論如何應對情緒之前，先來討論一些對於情緒的不良應對策略。

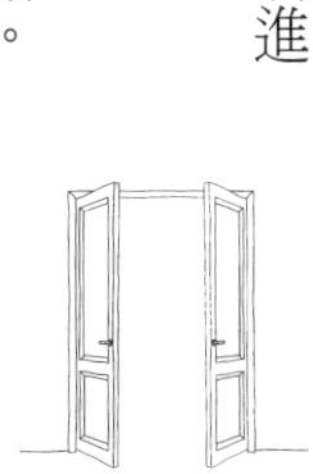

這些不良應對方式經常出現在我們自己和周圍人們的身上。透過對不良應對方式的討論，我們可以了解它帶來的損失，然後再探討良性應對方式有哪些、該怎麼做。此處首先要說明的是，所有的不良應對方式在本質上都集中於情緒本身。

我們先從非常常見的發洩情緒開始。發洩情緒，顧名思義就是把情緒發散出來，即把情緒呈現出來，而「洩」字說明這是一種流動的過程。所以首先要明白，發洩情緒是情緒做為能量的一種流動過程。

有的人可能會疑惑，如前文所述，情緒為人們帶來困擾的原因是情緒不能流動，而發洩使情緒流動起來，這不是好事嗎？確實，發洩有時也確實是值得鼓勵的，所以我們在勸別人時會說，你要是生氣，就罵出來、喊出來吧，有些公司或機構甚至還設有專門的心理宣洩室。

從流動的角度來說，發洩情緒在情緒的不良應對方式中並不是最糟糕的一種，甚至在某種程度上有一定的積極作用。

但是為什麼本書還是不鼓勵發洩情緒，或者不鼓勵無節制地發洩情緒呢？那是因為，發洩完情緒不意味著就此結束，發洩情緒可能還會造成一些反作用力。

比如，你和發洩的對象之間的關係也許會受到影響。

也許你在發洩時能感受情緒流動的快感，但與此同時或在發洩之後，你又可能會擔心後果。

先明確發洩情緒的第一個特點：**發洩情緒雖然是情緒能量的一種流動，但依舊是基於本能的**。所謂本能，是指人們此時基本沒有意識、理性，而且發洩與後文將介紹的另一種情緒的不良應對方式——壓抑，往往

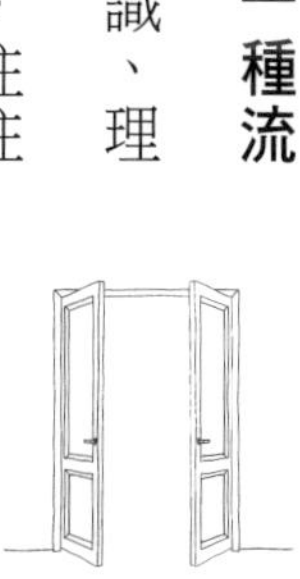

是交替運行的。

當你需要發洩情緒時，就說明情緒已經積累到了一定程度。這時，情緒就像一個已經裝滿了水的池子，小規模的經常性流動已經不能滿足其流動需要，需要透過發洩來徹底釋放。

以下案例來自我的一位諮詢者，她的所有親密關係都呈現同一種模式，在開始建立關係時，她會一味地忍耐，生怕一些情緒的表達會損害關係，所以把很多情緒都埋在心裡，因此對方對她內心逐漸累積的情緒並沒有覺察。

當內心情緒被積累到一定程度後，她就會將所有情緒傾瀉而出，一一數落對方在關係中對自己的忽視，以及自己認為對方非常過分的地方。經過這樣的發洩後，她和對方的關係可能會面臨終結。但有時，即使關係

終結了，她仍然覺得情緒沒有發洩完，會在半夜越想越氣，然後編輯一大段文字數落對方，導致她很難安穩地處於一段長期的親密關係中。於她而言，這種發洩有一些被迫的成分，是不能自主的。

這就是發洩情緒的第二個特點，**人們在發洩情緒時實際上處於一種失控的狀態**，此時的情緒不再是涓涓細流，而是一場狂風暴雨。情緒一旦進入失控的狀態，就彷彿沒長眼的刀槍，傷到誰、傷多重等，都是無法預知的。所以，在發洩情緒的狀態中，表達情緒可能不是主體，而是情緒像一隻狂暴的野獸拖著主體表達自身。但發洩之後，你還是要面對並收拾殘局，比如你很生氣時打碎了碗，把家裡搞得一片狼藉，但是發洩完怒氣後，還是要收拾地上的碎片。

這又引出了發洩情緒的第三個特點，**情緒能量被傾瀉在了關係之中**。

在這種情況下，即便這段關係能持續，關係中的另一方也會因此失去安全感。

在這種情況下，這段關係的維持可能是因為對方的包容度高、涵養好，或者是因為這段關係足夠牢固，例如對方是你的父母或孩子。

但是往往越親密、越緊密的關係，雙方就越期待一種穩定感。強烈的情緒發洩就像一個定時炸彈。雙方即便處於安全時期，也總是擔心它會隨時爆炸；因為如果它爆炸，雙方也必然受到傷害。

如前文所述，發洩是一種情緒能量基於本能的流動，會使人產生失控行為，也往往會使人把情緒能量傾瀉在關係之中，對關係造成破壞。

發洩情緒的第四個特點，**會導致惡性循環並收到來自環境的負面回饋。**

總是發洩情緒的人往往都有一種惡性循環的感覺。他們可能在發洩之後覺得自己這樣做不對，下次要忍住；也許下次確實忍得更久，但總會有那麼一個忍不住的時刻，然後發洩得更厲害。

比如在親子關係中，很多母親在心裡要求自己是一個很友善或很有耐心的媽媽。在孩子做出一些讓她不滿的事情時，她總會盡力耐著性子教育孩子，但是耐著性子這個狀態，有時候卻是在為她的下一次爆發做準備，因為她的情緒沒有其他的表達途徑。

最後，到了忍無可忍、情緒需要發洩出來時，她可能會狠狠地打罵孩子，隨後又陷入自責。她的內心會覺得非常沮喪，對自己非常失望，又向孩子道歉。

下一次，她會更不敢表達自己的情緒，她會暗下決心：「我絕不能

像上次一樣了。」但是不滿的情緒這樣積累下來，忍耐力不管多強，依然會有用盡的時候。一旦忍耐力被用光就相當於觸發了發洩機制，有如扣動了扳機或點燃了導火線，失控的情緒又會瀉洪而出，緊接著又要收拾爛攤子。這就是惡性循環。

環境也會做出負面回饋，因為有些事物是不能抵銷的。即使母親道歉了，她的孩子也可能會認為媽媽是個喜怒無常的人，甚至因此產生心理陰影。

這種親子互動模式很有可能會導致嚴重的心理疾病，致使孩子有可能出現邊緣化的心理特徵，覺得自己的世界在兩個極端中擺動。

這種特定關係會帶來非常嚴重的後果，修復這些後果需要付出非常大的努力和精力。

小結

發洩做為一種關於情緒的不良應對方式，主要有四個特點：

第一，發洩雖然是情緒能量的流動，但是是基於本能的流動。

第二，人們在這種情緒能量釋放過程中是失控的，情緒發洩完了人們才可能會重回理智。

第三，這種能量傾瀉在關係中，使得關係中的對象承受了一定的情感和心理壓力。

第四，這種不良的情緒表達方式通常表現為一種重複性模式，它終究會收到來自環境的負面回饋。

關於情緒的箴言

① 所有的不良應對方式在本質上都集中於情緒本身。

② 情緒像一隻狂暴的野獸拖著主體表達自身。

02 轉移：半壓抑的情緒

第二種關於情緒的不良應對方式是錯誤的轉移。轉移做為一種情緒表達策略十分常見，經常被用於面對一些高人際成本的情緒。比如你對上司的一些作法感到很憤怒，但直接向上司表達憤怒對你而言有很大的風險，甚至有可能因此丟掉工作，這時，你可能會轉移自己的情緒。

一般來說，比較常見的轉移方式是採用各式各樣的行為，意即用行為轉移情緒。例如你可能會用暴飲暴食來緩解工作、生活帶來的壓力，就像

很多人說的「沒有什麼煩惱是一頓美食解決不了的。如果有，那就再來一頓」；衝動消費也是一種典型的行為轉移，因為不能耐受對匱乏的焦慮而買很多看上去很好但實際上對自己無用的東西，有時這些東西很多年後也沒有被拆封。

這就說明行為轉移對當事人的價值完全是心理層面，而不是物質層面的，所以加強對情緒的覺察和表達，也許就能幫你省下不少錢。

在生命的早期，人們的情緒有些時候是不被允許表達的，一旦表達就可能招致嚴厲的懲罰，所以人們逐漸學會了轉移這種不能表達，或者在當下不能直接表達但又有非常強烈的表達需要的情緒。如果你小時候所處的環境非常嚴苛（被嚴格禁止表達自己的情緒），那麼你極有可能獲得一種情緒轉移的能力，我把它稱為「幻想轉移」。

什麼是幻想轉移呢？就是在有強烈情緒時，你的腦中就自動出現一些幻想中的畫面。例如父母非常嚴苛地責罰你時，你會感到非常痛苦，此時你的腦中就會自動出現一個畫面，這個畫面描繪的可能是你長大了，也可能是有一天你離開了家，再也不用受父母的責罰了，並且你可能在外面獲得了很大的成就。

進入這樣一個幻想中的情境中時，在某種程度上你已經離開了當下的現場。在進入這樣的幻想情境時，通常你知道這些畫面不是真實的、也只存在於你的想像之中，但如果情況更加嚴重，導致你已經無法分清這個畫面是想像還是現實的時候，我們就認為你發生了「意識解離」。從嚴格意義上來說，意識解離已經脫離了情緒轉移的範疇。

透過以上描述不難發現，這種幻想轉移的方式具有相當多的優點。首

先，它具有及時性，也就是說在情緒起伏強烈的當下，人們不必離開現場就可以馬上轉移情緒。幻想中的情境可以使當事人立刻從非常難受的狀態中遁去，從當下令人困苦的情緒中抽離，只留下一個類似軀殼一樣的存在在那裡挨打挨罵。

能在主觀上操縱相當一部分心理能量進入幻想世界，那麼在幻想世界裡的你一定是不受傷害的，甚至反過來可以懲罰那些傷害你的人，這也是一種幻想轉移。

比如，在上司面前被訓話時，你可能會想像「有一天我離開這裡了，事業做得更大更好。然後我回來收購了這家公司，上司就成了我的下屬，那時候我就要讓你知道我受過什麼苦」。

其實，幻想轉移理論是根據一些非常真實的案例而提出的。幻想轉移

這種應對情緒的方式在生命早期實際上很有用，幫助人們度過了生命中可能是最黑暗的時光，所以我們必須肯定這種轉移形式的作用。只是，既然轉移是一種不良應對方式，那麼它必然會帶來一些不好的後果。這些熟練應用幻想轉移的人，往往更難向真實的對象表達自己的情緒。

　　而且有時他們也很難覺察自己當下的真實情緒。也就是說，很多時候連他們自己都不知道自己的真實情緒是怎樣的，因為這些情緒能輕易地進入一個完全由自己作主的世界。這種人往往很害怕表達情緒，他們習慣透過幻想轉移的方式應對情緒，在幻想時，他們可以不受拘束地表達，但當他們把幻想中的場景搬到現實中時，可能會對現實關係產生極大的影響。

　　比如，他腦中反覆練習過一些極具羞辱性的話，但是想把這些話表達出來時，他就會非常緊張，很怕自己控制不住；如果他把那些準備好的話

說出來，又可能會對重要關係造成不可逆轉的影響。久而久之，這些人基本上都會在識別情緒、正常表達自己的情緒方面出現困擾。

下面來歸納一下轉移這種應對模式的特點。

第一，它確實能緩解強烈情緒，這是其作用之一。如果沒有這個作用，大家就不會採用這種模式。

第二，它在本質上是一種半壓抑的流動。所謂「半壓抑」是指情緒能量並沒有被正確地識別和表達，而是被用於別處，無論是購物、吃大餐，或是進入一個幻想的情境，這些轉移方式在本質上都對情緒的識別以及關係的溝通不利。

第三，它透過一些事務性的操作或在腦中假想的一些畫面，使能量流動或被消耗。由於並沒有看到原始情緒所承載的資訊，這些人也就失去了一個瞭解自身應對模式的機會。

我有一位男性諮詢者，年紀在二十多歲左右，外形比較瘦弱，說話也比較靦腆甚至有些木訥，不善於表達自己。他來找我是因為他非常懷疑自己，一直很沒有自信，到了這個年齡，他曾經短暫地追求過一個女孩，但是被對方拒絕了，從此他更加害怕兩性關係，卻又非常渴望擁有親密關係，這導致他長期處於自卑、壓抑、焦慮、煩躁的情緒中，在現實生活之中又找不到突破口。

他最後想到一個辦法：網戀。然而他網戀時用的所有身分都不是他自己的。

他用了一個他認為比較帥的形象做為自己的照片，也美化了身高等其他資訊來讓自己充滿自信，然後在網上到處搭訕。確實有女孩對他產生好感，開始和他聊天，可是聊得越熟絡，他就越緊張，因為他不敢與她見面。所以，這樣一種看似緩解了他的焦慮的轉移方式，實際上為他帶來了更多的焦慮和煩惱，有時候他甚至分不清楚哪個是他想像出來的自己，哪個又是真實的自己。

其實他最早的焦慮情緒中承載著關於他自己的豐富資訊，只是由於他急於轉移、擺脫這種讓他難受的情緒，沒有讀取這些資訊，使情況變得更加嚴重和複雜。如果他能覺察自己的焦慮，就會發現讓他焦慮的不是任何外在的因素，而是他根深柢固的自卑。

他應該探索和解構內在那種「己不如人」的信念，而不是用行為轉移來擺脫這種焦慮。我透過很長時間的溝通最終才讓他明白，他還是要走自己的真實之路；他也逐漸認知到，現在的他其實也有很多優點，比如他很有想像力，知識程度也比較廣闊，認同、接受自己，才是應對情緒的最好一步。

小結

轉移情緒這種應對方式主要有以下三個特點：

第一，它確實能有緩解強烈情緒的作用。

第二，它是一種半壓抑的情緒流動，因為它並沒有在原有情緒被啟動的領域被識別和表達。

第三，它往往是用其他事情或某個幻想的情境來表達情緒，讓人難以看到原發情緒所承載的關於自身的訊息。

關於情緒的箴言

①轉移做為一種情緒表達策略十分常見，經常被用於面對一些高人際成本的情緒。

②在生命的早期，人們的情緒有些時候是不被允許表達的。

③這些熟練應用幻想轉移的人往往更難向真實的對象表達自己的情緒。

03

壓抑：無法流動的情緒

壓抑，也是情緒的不良應對方式之一。每個人從小到大都可能或多或少地壓抑過情緒，佛洛依德說：「人類的文明史就是一部壓抑史。」當然，他提到的壓抑的範疇會更廣一些，他所說的壓抑的對象不僅僅指情緒，還包括觀念等。本節的討論僅侷限對情緒的壓抑方面。

想像一下，一個在任何社交場合和關係中都毫不壓抑個人情緒的人，通常都是不受歡迎的。人們可能會覺得這樣的人非常古怪，太過於特立獨

行，不知道應該讓自己融入環境。也就是說，現實的社會規範鼓勵壓抑情緒，至少鼓勵適度的壓抑。所以，雖然壓抑是一種對情緒的不良應對方式，但人們需要明白，壓抑也有其正面功能。

壓抑這種心理功能使人們具有更好的社會適應性，但是當壓抑變成一種無法改變的個人應對情緒的主要方式時，對身心的影響就會非常巨大。

我曾遇到一位二十二歲的女性諮詢者，她來找我是因為她患有嚴重的社交恐懼。她在工廠裡上班，如果周圍超過三個人，她就無法說出任何話；任何聚會都會讓她感到非常緊張，如果這個聚會還需要她發言，這對她來說就是一個天大的難關。

因為臨近新年，工廠要舉辦同樂會，她所在的部門每個人都要在活動中表演節目並發言。得知這個流程後，她的心裡就像壓了塊石頭一樣越來

越緊張。其實她的容貌清秀，身材也非常勻稱，但是和我說話時，卻幾乎不敢與我對視。

透過交談，我得知她是家中的第五個孩子，家中有四個姊姊和一個弟弟，從小到大，她的任何意見、感受、情緒都不被重視，甚至好像沒有人關心她的想法。她自小就開始做一些力所能及的家務，並且很早就出來工作。

這種情況讓她對情緒的壓抑已經達到了完全自動化的程度，她覺得自己在社會上只是靠勞動換取一份收入，以此養活自己。在任何關係中，她都不覺得自己的情緒是重要的，甚至在大多數情況下，她都不知道自己究竟有什麼情緒。所以，每當我問她「妳的感受是什麼」時，她總是很茫然，或者表現得很焦慮，不知道自己應該如何表達。

經過非常艱難且漫長的引導，她逐漸在自己的身體感受上發現了一點情緒的痕跡。她慢慢地嘗試表達情緒，漸漸能表達一些比較強烈的情緒，比如恐懼。

這種案例雖然並不多見，卻比較典型，它呈現了一個人因長期壓抑而無法表達自己情緒的過程。如果情緒這種心理能量一直在內在進行流動，表達性很差，人們就會因此處於一種有感受但無覺知的狀態。

其實她也很難受。比如，她非常緊張，一說話就臉紅、手發抖。這種感受讓她很不舒服，但是她卻無法表達這種感受源自情緒，這就是壓抑。壓抑這種應對方式的第一個不良後果就是使情緒的流動性、表達性變差。

壓抑帶來的第二個不良後果是，它往往會帶來持續的心理負荷，並使其成為其他心理疾病的能量源頭。

比如在上述例子中，這位諮詢者的問題根源就是從小到大都沒有學會如何感知、表達自己的情緒，以致她不知道應該如何讓能量流動，因而產生了社交恐懼症，其根源實際上是多年來對情緒的壓抑。

生理、心理是一個非常複雜的系統。生理系統有免疫系統以防止病原體入侵，事實上心理系統也有自保系統，不管怎麼壓抑，人們還是有一個能幫助自己表達情緒的機制——夢。那位諮詢者如果沒有夢在這麼多年來持續地幫助她、引導她，甚至「搶救」她，她可能也不會來見我。

那位女性曾向我描述過這樣一個夢：某天很晚的時候，她一人在家中二樓的陽臺上。突然之間洪水襲來，水越漲越高，很快就淹沒一樓並湧上二樓的陽臺，淹過了她的腳踝。她說，當洪水從下面開始漫上來，還沒漫到二樓時，她有些害怕，但是還有點麻木，沒有意識到即將發生什麼事，

所以什麼也沒有做。直到洪水已經沒過了她的膝蓋，她才意識到自己可能會被淹死，於是她開始拚命地呼救，尋找能使自己漂浮起來的東西。接著她找到了一個掃把，雖然她不知道掃把有沒有用，但心裡踏實了一點兒。最後，她從夢中哭醒了。

這樣的夢已經比較貼切地說明了她的心理狀態。水往往與情感有關，被水淹沒表示她沒有辦法和這種很強烈的情緒、情感共處，不知道怎麼應對。水從一樓漫到二樓時，她比較麻木，這就代表她一貫的壓抑方式，因為壓抑，她對外界的回應不太靈敏。水慢慢地沒過她的膝蓋，她產生了身體的反應，這是因為，情緒的覺醒很多時候都是從身體開始的。

然後她意識到了害怕、恐懼的情緒並開始呼救和痛哭，開始採取一些自救行為，對應了她尋求心理諮詢的幫助。

大部分平時比較壓抑自己的人都會做一些起伏較大的夢，這種夢最主要的目的是說明其表達情緒。夢中所呈現的情境往往比其盡力去壓抑的現實感受更為危急，在生死攸關的夢境中，人們可能就不得不表達自己的情緒，要麼大哭，要麼呼救，總之一定能表達一點自己的真實情緒。

所以，平時比較習慣於用壓抑來應對情緒的朋友，可以多關注自己夢境中出現的情景。

壓抑這種應對方式除了會為人們的心理持續帶來負荷之外，還有一個不良後果，就是也為人們的生理持續帶來負荷。身心本來就是一體的，現今越來越多的實證研究都證明：長期以來不能流動、不能表達的情緒與一些慢性病，包括心血管的疾病都有關。

最近關於失眠症患者和述情障礙相關性的研究證明了這一點。所謂述

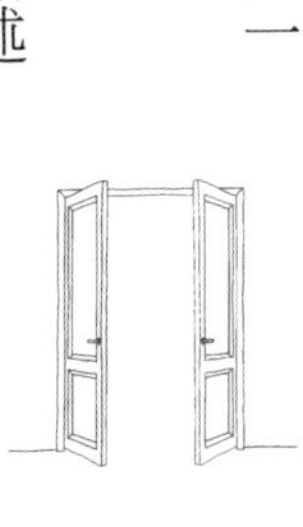

情障礙，又稱「情感難言症」或「情感表達不能」，以不能適當地表達情緒為主要症狀，這符合前文所說的不能流動表達的情緒會帶來生理上的持續負荷。另外，關於糖尿病與情緒的相關性研究也顯示，當人處於緊張、焦慮、恐懼或受驚嚇等壓力反應狀態時，腎上腺素的分泌會增加，而胰島素的分泌、釋放會間接地被抑制。

其實這也很容易被理解，就像一個國家如果處於戰時狀態，那麼一切都以前線的需要為重。同理可證，在壓力反應狀態下，身體的一些正常運作機制，包括免疫系統、胰島素的分泌與釋放，就會受到抑制和干擾。

小結

壓抑這種應對方式主要會帶來三個不良後果：

第一，長期的壓抑使情緒表達性、情緒能量流動性變差。

第二，會帶來持續的心理負荷。

第三，會帶來持續的生理負荷，進一步可能會引發各種身心疾病。

關於情緒的箴言

①每個人從小到大都可能或多或少地壓抑過情緒。

②壓抑，這種心理功能使人們具有更好的社會適應性。

③大部分平時比較壓抑自己的人都會做一些起伏較大的夢。

④情緒的覺醒很多時候都是從身體開始的。

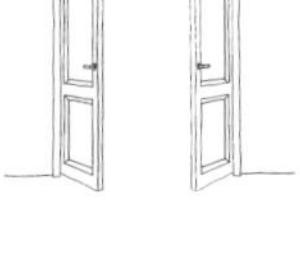

04 覺察身體：好好感受比什麼都重要

本節開始探討應對情緒的良性方式。

覺察就是其中的第一步；此外，應對情緒的良性方式還要經過接納和表達。

此處的覺察是指覺察身體，或者覺察情緒在身體裡的投影。要想對任何內容進行操作，首先要讓這些內容成為意識中的一個客體。例如你要拿茶杯，你的意識必須先透過感官發現這個杯子，也就是說，你的感官必須

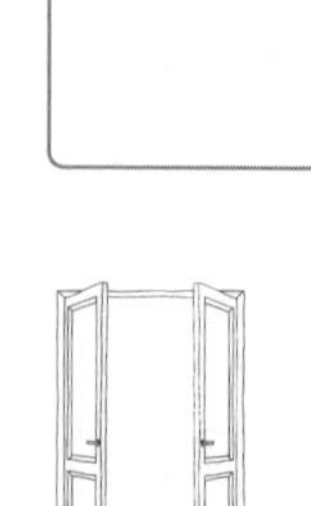

讓這個杯子成為你的客體。

如果想要應對情緒，第一件事就要知道此刻自己有什麼情緒，這個情緒在當下的生命中以什麼形態存在。**覺察又可以被分為三個部分，分別是覺察身體、覺察情緒和覺察念頭。**

為什麼要把覺察身體放在首位？正如在「看待情緒」篇章中提到的，身體是情緒的土壤。

透過前文，我們知道了很多未能表達的情緒都被儲存在身體裡，身體與情緒是雙向互動的，也就是情緒影響著身體，身體也影響著情緒。前文還提及，身體和情緒都具有當下性，情緒透過身體將人們鎖定在當下。在建立了這些基本的概念後，此處再來探討如何透過覺察身體，發現此刻的情緒在身體裡處於怎樣的狀態。

具體作法如下。

第一步是脫鉤。所謂的脫鉤是指在意識層面上停止對情緒進行任何處理和任何歸究。

在覺得自己有任何情緒時，即使你還不能很清晰地命名它，只要你想要更清楚地感知這個情緒，這種意識狀態就叫作脫鉤。比如，你可能感覺自己現在有一些情緒，好像有些焦慮，然後你的意識對這種焦慮做了某種解釋或歸究，像是「這可能跟我一個月以後有一個重要的考試有關」。覺察的第一步就是在意識層面切斷對這個情緒的任何解釋和歸因，直接觀察這種情緒或這種感受當下在身體裡的投影，也就是要觀察這種感受在身體中此時此刻以怎樣的形態存在，這一點特別重要。

一旦開始在意識層面對情緒進行歸究，人們就難免會陷入這樣一個狀

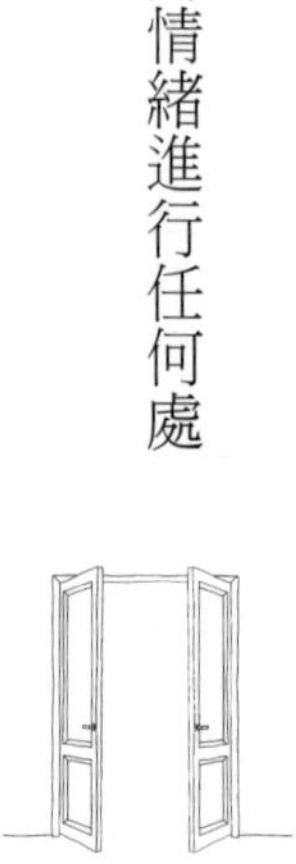

況：無止境地根據以前的經驗找辦法、找對策，試圖做更進一步的解釋。事實上這種操作的關注點已經偏離了情緒本身，這就不再是良性的應對方式，因為意識層面的操作會讓人們忽視情緒，轉而關注如何解決事情本身。

這就像是一個人走在大街上，突然被人莫名其妙地推倒、摔傷了，這時碰巧有一個醫生路過，醫生出於治病救人的職業習慣，第一時間考慮的是救人，而不是抓到行凶的人。嫌犯為什麼傷人，是認錯了人嗎？是仇殺嗎？還是什麼其他的原因？醫生在救治病人時不會關心這些問題。醫生關心的是患者傷到哪了，哪些部位受到了損害，應該怎麼處置。醫生此刻的態度，也就是脫鈎，他把所有注意力都用於關注傷者此刻的狀態上。

回到上文所說的覺察，如果身上的情緒已經被活化，人們就不需要深究是什麼原因造成了當下的情緒，只需要關注情緒此刻在身體中的形態是怎麼樣的，如此一來就直接貼近了第一手的感受。當真正做到脫鉤後，人們就可以開始進行下一步，把所有的注意力都聚焦在身體上，然後按照以下四個步驟對身體進行細緻的觀察。

第一個步驟，觀察外感。

人們可以透過眼、耳、鼻、舌、身這幾個從外部感應訊息的管道感知外部的資訊，這就是外感。此刻眼前的光線是怎樣的？耳朵聽到的聲音是什麼？鼻子聞到的氣味如何？舌頭有沒有嘗到一些特殊的味道？姿勢以及與環境所處的相對位置是怎樣的？此刻是站著的還是坐著的？站著時，我可以感受一下腳踩的地面的軟硬度；坐著時，我就可以體會一下沙發或座椅對身體的支撐感。

大家會發現，其實我們對身體外感的觀察可以非常細緻。這種觀察有

兩個好處。第一，使人們進一步將自己的注意力、觀察力鎖定在當下的身體上，因為觀察外感在當下攝取的訊息時，你的注意力實際上已經回到了自己的身體上。第二，由於身體的感受是一個持續的狀態，所以這種觀察會讓你回到當下。

第二個步驟，觀察內感。

什麼是內感？內感是一些內在感受，比如痠、麻、癢、脹、餓、飽等；也是在某些情緒下，你感到心跳加速，感到某些部位在出汗，或者某些部位在微微發抖。其實這些內感有相當大的部分與情緒有關，或者是情緒在身體上的反應。

比如當你準備上臺演講時，或者是剛剛進行完一次表演時，你可能會雙腳發軟、發麻；或者在工作會議上突然被提問時，你忽然心跳加速、全身冒汗，這些都是典型的緊張情緒在身體上的反應。

第三個步驟，關注呼吸。

其實呼吸和情緒有相當大的關係。在非常緊張時，人們往往會下意識地屏住呼吸；在興奮時，呼吸則會變得急促。所以，透過細致地觀察呼吸的狀態，人們能感知很多關於情緒的資訊。

要注意，這種觀察是純粹的觀察，也被稱為「如實觀察」，也就是說只進行觀察，並不對觀察的內容做任何調整和評價。

第四個步驟，將注意力聚焦在當下。這一步很關鍵，它是個時間概念，關鍵在於不要讓注意力分散，不要分析、不要判斷。

當你發現自己的呼吸很急促時，你可能會認為這肯定是什麼原因造成的，然後你會在意識上做一些處理、推斷、評價或調整。這些行為都是在進行這一步時要盡量避免的。

所謂聚焦當下，就是指讓自己處於持續觀察身體的狀態中。在這個狀態裡待得越久，你對各種情緒在自己身體上的反應就會越熟悉、越敏銳。如果長時間做這種訓練，就會變得熟練，你會很清楚身體在焦慮時會有什麼反應。這並不是由你的意識在一開始就分析出來的，而是來自長期的結構化觀察。

小結

覺察的第一個層次是覺察身體，它被分為以下兩步。

第一步是脫鉤，意即切斷意識對當下情緒的任何理解、評價、歸因和處理。

第二步是將注意力轉移到身體，首先觀察外感，然後觀察內感，最後關注呼吸，讓自己持續地聚焦當下。以覺察身體做為開始，是覺察中非常重要的一步。

關於情緒的箴言

① 如果要應對情緒，首先要知道此刻自己有什麼情緒，這個情緒在當下的生命中以什麼形態存在。

② 覺察的第一步就是要在意識層面切斷對這個情緒的任何解釋和歸究，直接觀察這種情緒或這種感受當下在身體裡的投影。

② 觀察外感在當下攝取的訊息時，你的注意力實際上已經回到了自己的身體上。

05 覺察情緒：識別情緒，為情緒命名

前文詳細講述了覺察的第一個層次——覺察身體。

現在進入覺察的第二個層次，也就是覺察情緒本身。覺察身體時，人們就好像在觀察植物的根部，此時，情緒多以某種感受，包括外感、內感等方式呈現，是一種身體的反應。而覺察情緒，便是指覺察植物已經長出地面的部分，也就是人們比較容易直觀看到的部分。

覺察情緒本身並不是一件容易的事，即便是最普遍的情緒，當別人問

你「你此刻的情緒怎麼樣」時，你也很難在一瞬間準確地將其用語言描述出來。所以我們又把所覺察的情緒分為兩部分，一部分是可用語言表達的部分，即可表達的部分；另一部分就是暫時不可表達的部分。

應該如何應對這兩部分？來看以下這個例子。

某人需要為一個專案做計畫，他精心準備了一套計畫提交給上司，但上司在看了這個計畫之後，對這個計畫表現出諸多疑問和不信任。那麼，當事人可能就會有很多的反應，比如在行為層面，他可能據理力爭，逐一解答上司的疑問。當他把這些疑點都解釋清楚後，上司也接受了這個計畫。這件事看似結束了，但它引出的情緒卻可能還遠遠沒有平息。

如果沒有對此時的情緒加以識別，這些複雜的情緒，比如委屈、憤怒、沮喪等，可能會以原有的模式擴散在生活中。

平息這些情緒的方法是，首先覺察身體，持續關注自己的身體，慢慢地熟悉特定的情緒在自己身體中的呈現方式，然後嘗試覺察情緒。覺察情緒這一步是可表達的，如果你覺察自己有什麼情緒，馬上就可以說出來，比如輕鬆地說：「我有點生氣。」

在為情緒定義的時候，要給這個情緒一個盡可能精細的命名。什麼是精細的命名？比如「生氣」就是概括性的命名，生氣分為不同的程度，例如不悅、厭煩、憤怒、暴怒等；而和喜悅相關的情緒可以被命名為開心、舒暢、舒坦、心花怒放、慶倖等；和悲傷相關的情緒還可以被命名為心酸、傷感、傷心、痛心、痛苦、悲哀、沉痛等；和恐懼相關的情緒可以被命名為害怕、受驚、驚嚇、膽怯、發怵等。除此之外，還有很多表達情緒的詞語，大家可以多多注意。

如果覺得精細命名情緒很困難，也可以嘗試透過給分數來定位情緒的強度。比如滿分是十分，你此刻的情緒的強度是幾分？

綜合前論，在對待可表達的情緒時，我們一般可以採取三步驟。

第一步，識別情緒的種類。人們有喜、怒、憂、思、悲、恐、驚七種情緒大類，可以先辨別當下的情緒主要放在哪一大類上。

第二步，按情緒的強弱程度進行細分。比如，在已經識別出情緒大類是「怒」時，再對怒的程度由強到弱進行細致劃分，看看到底是什麼強度的「怒」。在這個過程中，大家結合過去的經驗進行比對，在比對時，你可能就會發現一些非常重要的事實。如同上文中被老闆質疑的當事人，實際上被啟動的情緒並不僅僅來自這一件事，他之前種種因為受到懷疑而引起的情緒可能都會被啟動，也許是上學時被老師懷疑抄作業，小時候在家

裡被父母懷疑偷偷看電視，或者是被同學、朋友質疑打「小報告」之類。

透過比對就會發現，一個小事件，可能會啟動一個人的大量相關情緒，而且這種被啟動的情緒分為三個層面。

第一個層面，事情的層面，例如自己提交的計畫沒有通過；

第二個層面，事情所引發的情緒的識別和表達；

第三個層面，同類事情引發的相關情緒。發現這個層面的情緒需要人們對情緒進行非常細微的觀察。在比對的過程中，可以用過去的經驗為參照，找到定位，獲得確定感，這種確定感可以加強人們對自己的了解。有的人會認為「這件事情有必要這樣嗎」，有時人們處理事情的態度與方式會讓別人覺得是在故意把事情放大。當人們對一件事情反應過度時，往往是由於這件事啟動了他過去很多類似的事情引起的情緒。

舉個例子，有一個人欠了另一個人五百元，債主很憤怒，但是他表達憤怒的方式有些過頭，把人大罵一頓甚至大打出手。旁人可能不太理解，但是真實的情況是怎樣的呢？在這個人以往的經歷中，可能遇到過好幾次別人欠錢沒還的情況，有時金額可能還比較大，也許以前有人找他借過一萬元也沒有還，而他之所以對欠五百元的人表達了非常強烈的憤怒情緒，實際上是因為這些憤怒還包括了對過去借錢沒還的那些人的憤怒，以前累積的憤怒在這個瞬間被觸發。

所以，用過去的經驗為參照這種覺察情緒的方法非常有效。如果一個人以過去的經驗做類比，在覺察時就可以自動地想起這些事情。這些事情一旦被想起，就已經進入了他的意識和理智，他就會知道自己的憤怒並不全是眼前這個人造成的，而是將其他事情引起的那部分情緒能量也傳遞過來了。

意識到這一點後，他在表達情緒時就會自然而然地有所節制，更重要的是，他理解了自己為什麼會有這麼強烈的情緒，也就不會被情緒驅使，做出一些會產生嚴重後果的行動。

現在我們明白了，為什麼易怒型的人會如此可怕，小事也很容易引起他們的憤怒，或者一旦生氣就無法控制，這正是因為他們沒有意識到自己當下的情緒並不全部來自眼前下這件事，而是來自之前大量類似事件積累的情緒。

總結一下，我們對情緒本身的觀察，第一步是要識別情緒的種類，也就是為情緒命名。第二步是細致劃分情緒強度，比如為情緒命名為憤怒後，再覺察這是哪種程度的憤怒，同時以過去的經驗進行比對，找到定位

或確定感。

在識別情緒強度的過程中，嘗試為這個情緒的強度打分數時，其實也是在過去的經驗中尋找一個參照點。對情緒的種類和強度分別進行了覺察和表達之後，下一步就是對表達出來的言語進行驗證。

這一步也很重要。這實際上是對自我回饋再度確認的過程。

因為情緒在剛開始進入意識的時候，人們可能會將它誇大，就好像你出門時被一條狗嚇到了，但當你將之與過去的經驗比較時，你很快就能分辨出狗帶來的驚嚇比上次被蛇嚇到的恐懼程度低多了，慢慢地，你就可以識別、表達和理解自己的情緒。情緒在這一整個過程中會被納入一個可知、可感和可控的範疇，也就會趨於平穩。

所以，這一步就是要對已經言語化的部分情緒，進行再次確認驗證，

就像你在天平上左右移動支點去尋找最終的平衡點那般。

除了可以輕易用言語表達的情緒之外，不要忘了情緒還有一部分暫時不可表達，或者說是不能用言語表達的。這一類情緒，往往就比較像是靠近土壤狀態。一方面，它足以讓你覺察它的存在；另一方面，它還在以身體體驗的方式被表達著。

如何應對不可表達的情緒呢？我們要注意對這些情緒保持觀察，但不急於表達和語言化。

就像在大街上遇到一個人，你一見到他就知道曾經在哪裡見過，但卻叫不出他的名字，一時也不能準確地回憶起到底在哪裡見過他。對於情緒而言，你會知道自己有一種感受，或者有一系列複雜的複合型情緒，但是在當下你沒有辦法準確地命名它。這時你可以持續地、如實地觀察這個情緒，不對它進行評價、處理。如前文所述，此時此刻你要回到身體上，細細觀察情緒感受中不能言語化的部分，它們存在於你的身體裡。或許經過這樣仔細的觀察，你就能想起情緒的名字，便可以馬上脫口而出。這個時候，這種不可表達的情緒就進入可以表達的範疇了。然後你再用應對可表達情緒的方法來應對它。

還有一種可能性是，在仔細觀察後，你依然無法識別這種情緒。這種情況下，你對它進行的持續觀察，所觀察到的它與身體相連的部分以及那些感受，依然會被你儲存在記憶中。這對你下一次的表達來說是一個新的進展。所以對於不可表達的情緒，我們只要保持觀察，卻不必急於表達，就算是一時不能說明它們也沒有關係，只要學習掌握策略即可。

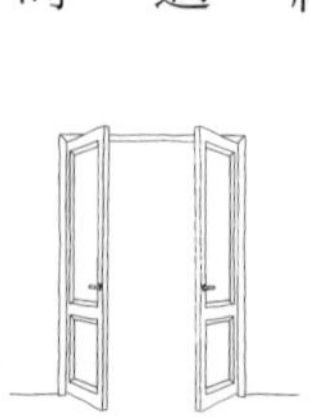

小結

覺察情緒就好比觀察植物在土壤以上的部分。對於可以透過言語直接表達的情緒，我們可以去識別它的種類和強度，同時類比過往的經驗。對於暫時無法表達的情緒，我們也不用著急，保持平常心，持續觀察即可。

關於情緒的箴言

① 覺察身體時，人們就好像在觀察植物的根部。

② 在比對的過程中，可以用過去的經驗做為參照，找到定位，獲得確定感。

③ 當人們對一件事情反應過度時，往往是由於這件事情啟動了他過去很多類似的事情引起的情緒。

④ 對於情緒而言，你會知道自己有一種感受，或者有一系列複雜的複合型情緒，但是在當下你沒有辦法準確地命名它。這時你可以持續地、如實地觀察這個情緒，不對它進行評價和處理。

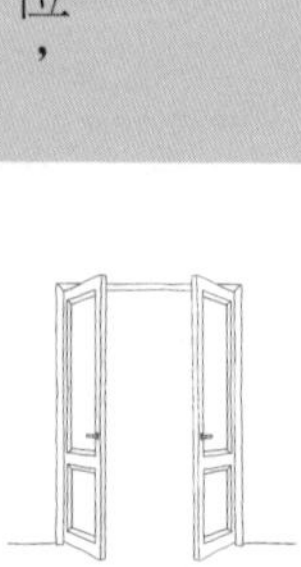

06

覺察念頭：念頭背後，是未被看見的情緒

覺察身體就是情緒的根本，而在介紹覺察情緒和命名情緒時，前文詳細地介紹了情緒有可表達的部分和不可表達的部分，以及分別應該如何應對。

接下來要分析的是覺察念頭。如果說身體是植物在土壤以下的根莖，情緒是土壤以上植物本身的樣子，那麼本節所分析的「念頭」就是植物散發的味道。在分析覺察念頭之前，必須區分兩個重要的概念，念頭和

想法。它們的區別是什麼？此處的「覺察念頭」，意思是不要有太多的想法，因為想法是可以被意識控制的，而念頭則無法被意識控制。

比如，我現在讓大家都想像蘋果，或者讓大家都不要想蘋果，然而不管我怎麼表達，你的腦海裡都會出現蘋果，雖然每個人想像的蘋果大小、顏色可能不一樣，但都可以很快在大腦中呈現出對蘋果的印象。也就是說，意識可以控制想法。

但是，很多人做不到什麼都不想。

有人的頭腦裡可能會不由自主地出現一些其他的思考，比如有人會冒出「憑什麼我要什麼都不想」的意識；也有人頭腦裡可能會閃現一些畫面，這時在頭腦裡冒出來的東西，就是我們所說的念頭。

因此我們可以這樣界定，意識能控制的就是想法，不能控制的就是念頭。念頭也是情緒感受的組成部分，對比前文提及的對外界刺激進行反應的觀念系統，意識能控制願望和動機，卻不能控制觀念系統。在清楚了念頭和想法的差異之後，再來看看如何具體去覺察念頭。

念頭包括了三大部分。

第一部分是閃現的畫面。我的一個諮詢者，每次在很憤怒時，他的腦中就會自動出現一些意象。在這些意象裡，他對讓自己憤怒的那個人會做出一些非常激烈的傷害動作。比如主管激怒了他，他腦中閃現的畫面可能是抓住主管的頭髮將他往牆上撞。持續覺察自己的念頭時，他就會發現自己的憤怒經常透過某類意象表達。因此他在觀察這些意象本身時，同樣也觀察了自己的情緒。

這些行為實際上代表著他的情緒能量正在試圖流動，雖然這些能量沒

有行為化，但在腦中產生這些意象也是需要能量的，換句話說，產生意象也是一種表達情緒的方式。

在這裡要強調的是，在觀察這些閃現的畫面時，要把握一個原則：**只觀察，不對出現的畫面進行任何評判和處理。**

例如，當上文中這個來訪者的腦海中閃現傷害別人的畫面時，他不需要評價自己「我這個人怎麼這麼暴力」或「我這個人怎麼那麼殘忍」。

認知和評判也是緩解情緒的一種策略。比如在前面的例子中，員工提交的計畫遭到主管質疑時，他可能就會想「這個主管就是個草包，連我這麼好的計畫都沒看懂」。他之所以做出「這個主管是草包」這種判斷，實際上也是為了緩解自己的憤怒。

再比如一個失戀或被伴侶背叛的人，他的頭腦中很可能會出現多種認知和評判，這些認知和評判可能非常極端，像是「天下的男人／女人沒有一個好東西」，這是否符合事實並不重要，因為這種判斷和認知不過是在表達某種情緒。

但是，不同的認知會帶來不同的情緒。比如同樣是考研究所失敗的人，有的人可能會樂觀地認為「沒考好沒關係，我還有別的路」，也有人可能悲觀地認為「沒成功，我以後就完了」，這樣背道而馳的認知所帶來的情緒是截然不同的。在觀察這些認知和評判時，很重要的一點是要區別自己的情緒和引發情緒的事件。實際上，人們對某件事情的反應，常常與事情本身沒有那麼大的關聯度。

人們對外界的反應取決於反應系統。比如，要瞭解一個人是個悲觀的人還是樂觀的人，透過觀察他對某些事情的認知和評判即可。

可以覺察的念頭除了閃現的畫面、認知和評判還有行動的計畫。像是一對夫妻在激烈爭吵時，其中一方可能會閃現離婚的念頭，但是他可能會說出來，也可能不會說出來。這個念頭是他理性做出的一個計畫嗎？也許並不是，其實只是一種情緒的表達，即使這時做出計畫，這個計畫往往也是比較危險的。

這計畫的後果可能很嚴重，比如離婚。離婚容易，再重婚可能就沒那麼容易了。後果甚至可能更嚴重，比如其中一方產生了更極端的念頭。如果仔細覺察這些念頭，人們可能就會意識到自己盤算的這些行為、計畫和安排並不是因為自己真的想這麼做，只是在用它們表達自己的情緒。

如果人們能意識到這種衝動的計畫只是在表達情緒，那麼將它付諸行動的可能性就會大大降低。但當人們缺少觀察時，便會斷定這個行為就是自己當時想做或者是應該做的，就有可能讓自己處於一個非常危險的境地之中。

現實生活之所以會出現具有衝動性的惡意事件，很多時候都是因為人們缺乏對於念頭的觀察。人們沒有發現自己的想法只是在表達當時的情緒，並非真的要被執行。因為缺乏這種覺知，人們可能就會衝動行事，甚至採取一些非常危險的行為，造成一些不可逆的嚴重後果。

所以，覺察念頭極為重要，卻同時也很容易被忽視。

人們常常會把念頭歸為理性思考的一部分，卻沒有意識到這些念頭其實是情緒反應的重要組成部分，而且這個部分會顯現大量關於觀念系統的重要資訊。

上文中那位大腦中經常閃現暴力畫面的諮詢者，他在生命早期經常

被父母施加暴力，所以他間接學習了這種透過暴力表達情緒的模式。由於父母給他的壓力非常大，所以他做了一點變通，即以念頭的方式來表達情緒，卻不敢也不能真的把念頭付諸行動。

小結

當遇到外界刺激時，人們由此而生的念頭也是情緒的一個組成部分，或者也可以被認為是人們對這件事情的一部分反應，所以人們有必要對念頭進行覺察。

對念頭的覺察可以分為三部分：

第一部分是閃現的畫面，比如想打人。

第二部分是認知和評判。

第三部分是腦海中突然閃現的關於下一步行動的計畫。

這三部分都是念頭。念頭中有大量關於自身反應系統和觀念系統的重要資訊。

關於情緒的箴言

①意識能控制的就是想法，不能控制的就是念頭。

②在觀察這些閃現的畫面時，要把握一個原則：只做觀察，不對出現的畫面進行任何評判和處理。

07

忍受情緒：抗拒即認同

學會覺察情緒後，就可以進入掌握情緒良性應對方式的第二步——接納。接納是指接受覺察的所有結果。

有的人在覺察了自身現狀之後會覺得，無論是情緒本身還是應對系統，好像都存在一些不足；在這種情況下，人們該怎樣接納情緒呢？

首先要聲明一個概念：此處所說的接納並不是認可。

接納和認可不同，接納只是承認當下的現實，認可意味著承認並對當下的狀態表示滿意。

如果你對現狀感到滿意、表示認可，那你可能就很難做出改變。而此處所說的接納是指，無論是覺察到的情緒本身，還是對情緒的既有應對策略，不管它們是好是壞，承認這就是自己現在的狀態，應該接納它們就是當下的一個事實。

這就像是如果你希望成為一名百萬富翁，首先要清楚自己現在已經有多少錢，你有能力再賺多少。有人在思考這件事情時，發現目前自己的經濟處境不妙，收入增加水準追不上通貨膨脹的速度。更糟糕的是，他也許會發現，自己不僅和目標相差萬里，而且還背道而馳；他可能仔細計算才發現，自己欠了不少錢，已經負債累累了。

接納就是首先要百分百地清楚和接受當前所處的狀態和位置；不接受

現狀，可能會劇烈地影響個人改變現狀與實現目標的本意。

當然，接納並不是那麼容易的，所以在此將之分為三個層次進行討論。

接納的第一個層次——忍受。

忍受是一個怎樣的狀態？本書的觀點是，忍受是接納的被動形態，是一種不接納或不接受的內隱模式，並不是真正的接納。這種所謂的接納，實際上是不得已而為之的。這個人可能並不滿意現在的狀態，也可能時刻準備著或者已經在嘗試各式各樣的方法改變現狀。關於忍受這種狀態的一個最重要的觀點就是，抗拒即認同。

當人們在抗拒某樣東西時，實際上已經認同了它的存在，並且有可能還在強化它。有位女性，她在事業上非常成功，但是她對自我的評價是，自己經常處於焦慮之中，有時這種焦慮會轉為憤怒，向公司的員工和自己的家人發洩。

後來，她發現自己的孩子越來越像她。她的孩子也像她一樣焦慮，並且變得喜怒無常，有時會亂發脾氣又很難安撫。看到孩子身上的這些和自己的相似點，她很敏銳地感到孩子的狀態與她現在的狀態之間存在著某種關聯，讓她極為不安。

在瞭解了她的情況之後，我對她說：「身為孩子的母親，妳對孩子有影響力，這一點是很顯著的。但是這本身並不是一個缺點，反而是一件好事。既然妳對孩子有影響力，如果妳改變了，他可能也會自然而然地發生改變。」我試圖讓她把注意力放在自己身上，嘗試著去了解、接納自己的這種焦慮和憤怒，以及表達憤怒的模式。

一開始她並不接受我的建議，因為她很急於改變孩子的狀況，總是希望可以從我這裡獲得可以直接用於改善孩子的方法。但是按照她的方法執行了一段時間之後，她發現情況變得越來越嚴重，所以不得不耐著性子，開始瞭解自己為什麼會這樣。

首先，在她和孩子的互動中，其實她的很多非語言訊息已經將她應對世界的模式教給了她的孩子，即使她的本意並非如此，但實際上她每天都在向她的孩子做示範。當她不接受自己這種模式又沒有對自己的模式進行覺察時，她便是一直在為自己的固有模式充電；電越充越足，這種固有模式對她的孩子的影響就越來越深。

這就陷入了心理學所說的強迫性重複。所謂「強迫性重複」，就是當你有很多情緒需要表達而又沒有新的表達模式時，這種強烈的情緒就會重複地走原來的那條路，因為並沒有新的路可以走——越抗拒就越執著於抗拒的內容。

從根本上來說，她的處理方式——**強迫性重複，強化了舊有的模式，提高了舊有模式的影響力**，也使她的孩子更難改變。

此外，出現抗拒以後，如果情況反而朝著與她預期的相反方向發展，她可能又會進入更高等級的壓力反應狀態，也就是說她會變得更著急、更焦慮，從而又產生了新的問題。其實這一點在親子關係中非常常見。孩子的特點之一是可塑性強，離他們最近的人最容易塑造他們，對他們影響力最大的人一般而言就是父母。

這位諮詢者一開始並不接納我的建議，抗拒覺察自己的情緒、改變自己，覺得現在改變自己太晚了、來不及了。在經過很長時間的抗拒以後，

她發現自己的方法效果不好，甚至適得其反，因而不得不步上「從改變自己開始」這條路。

走這條路首先要覺察情緒。她在逐漸認可自己需要做出改變之後，開始觀察自己的內在機制，觀察自己形成這些情緒處理模式的根源。一段時間以後，她興奮地告訴我，她的老公和同事都說她最近脾氣似乎變好了。

她自己也覺得，某件以前會讓她動怒的事，現在不會讓她有那麼大的情緒了。她並不是在辛苦地去忍耐這件事，而是真的不會輕易為此生氣了。同時，她的孩子也逐漸能用語言表達自己的情緒了。這種變化就是「看見即改變」。當你透過看見和接納，發現越來越多的內在客體時，改變自然而然就會發生。

有人問我「接納了以後怎麼辦」，我會回答：「你真正接納了以後就

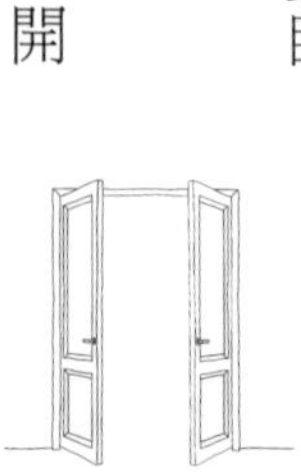

不會這麼問了。」就好像其實你心中有特別想去的地方，但你被一根鐵鏈牢牢地綁在現在的位置，哪裡也去不了。每次你要去那個地方時，鐵鏈都不會讓你靠近目標半步。所以，現在的問題不是去哪裡，而是要解開鐵鏈。只要你對現狀還有一點點不接受，你就不會真正地、細膩地觀察自己，也許也就不會發現那根鐵鏈，有如一個迷路的人只是在說「我怎麼迷路了，好討厭、好煩啊」，並且不斷地哭鬧，這是沒有用的。這時候你首先要清楚自己在哪兒，你需要仔細地回憶自己是怎麼到這裡的，盡力尋找出一些細微的線索。

那位諮詢者原來對自己的狀態是抗拒的，後來她發現不管怎麼努力，還是哪裡都去不了，沒有什麼效果，所以才逐漸放下了這種對抗的思路，開始走向轉機。

為什麼能夠走向轉機？因為她越來越瞭解自己的現狀，而不是腦中空有一個無路可達的願望。她開始實實在在地進行覺察，並且無條件地接納覺察的內容。

做到了接納，再結合自己的願望，就是一個應對情緒的最重要的轉機。

小結

接納的第一個層次是忍受。

在忍受層次，人們還是處於一種抗拒的狀態，而抗拒即認同。因此還在抗拒現狀、不接受現狀的人，往往很難改變。

對現狀的抗拒會造成一種強迫性重複的狀態，因為這種抗拒實際上承認並加強了所抗拒的內容。

這種抗拒或不接受，會讓人進入壓力反應狀態，而這種狀態會使情況更糟，從而創造新的問題。

關於情緒的箴言

① 接納只是承認當下的現實，認可意味著承認並對當下的狀態表示滿意。

② 忍受是接納的被動形態，是一種不接納或不接受的內隱模式，並不是真正的接納。

08 接受情緒：臣服即解脫

如前文提及忍受時所述，忍受是接納的被動形態，並非真正意義上的接納。那麼，如何實現真正的接納？下面先來看一個例子。

有一位女性諮詢者，在一家很大的企業擔任高級主管，她的生活在很多方面都十分順利，唯有一點，她在婚戀方面並不順心。隨著年齡的增長，她逐漸開始承受越來越大的婚戀壓力。在日常生活中，她經常容易受到相關刺激而產生情緒波動，比如得知某人結婚了，或者他人過問她現

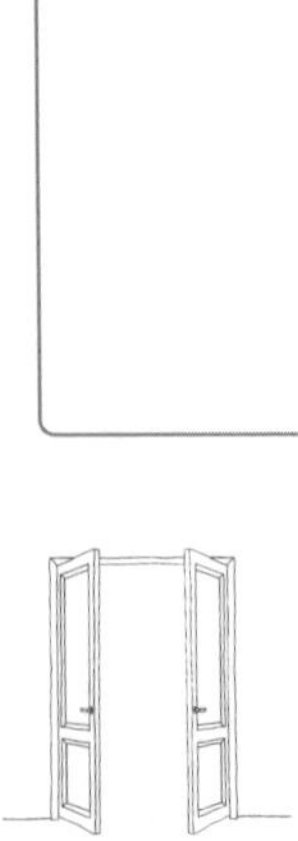

在的婚戀狀態，抑或是她的親戚們又在逢年過節時催婚等等。每當這種時候，她就會感到無奈、焦慮、憤怒，這種讓她不舒服的複雜情緒促使她來找我諮詢。

在交談中，她經常問這樣一個問題：「我身邊的那些人好像很容易就會喜歡上別人，然後順利步入婚姻，我為什麼就不能像那些人一樣？」這些情緒使她產生了一種自我否定的認知，這種認知雖然讓她難受，但也讓她的狀態變得更合理。也就是說，她會因為自己沒有找到婚戀對象而認為自己一無是處，全然忽視自己優秀的一面。儘管認為自己一無是處讓她感覺很糟糕，但這種認知能幫助她解釋自己婚戀不順的原因。

她的這種情況很典型，那麼問題的根源在哪裡？

其實，一個人喜歡怎樣的人，或者願意和怎樣的人在一起，以及在戀

愛中的互動方式等，這些都不是短期內就能形成的，更與其以往的經歷有關。在這位諮詢者的童年時代，她的父母經常爭吵，並且習慣指責、貶損對方。早期的人生經歷塑造了她成年後既渴望婚姻又不信任婚姻的心理狀態，甚至還對婚姻懷有恐懼，這種矛盾一直在她的「後臺」運行，在觀念層面影響著她的戀愛過程。

她在婚戀問題上受到阻礙之後產生了很多情緒，但是由於她並不接納情緒本身，而且對產生情緒的觀念系統缺乏覺知，所以她無法真正進入系統，去理解自己為什麼會在戀愛中產生這樣的行為和反應。她無法理解，也就無法看見；無法看見，也就無法改變。所以，不管她有多麼難受，不管她做什麼，都沒有調整現狀的可能性。

就好像她捧著一個黑盒子，她對黑盒子的功能不滿意，但是又無法拆解這個黑盒子。這個故事體現了接納的重要性，像這類很難接納自己的情緒、很難接納自己的觀念系統的人，往往會有類似的抱怨：「我怎麼能至今還……呢？」這個問題帶有對現狀深深的懷疑和不接納的情緒。本節標題「臣服即解脫」中的臣服，指的就是完全放棄對現有的或在眼前事物的質疑或抵抗。

這聽起來有些消極，但實際上其中有很強的積極性。**可以說，接受所有已經發生的事情，是解決情緒問題的道路上一個重要轉捩點或里程碑。**

這意味著人們要完全地接受事實，事實對於每一個人來說都是非常重要的存在。因為一件事的發生並不容易，需要有很多條件的配合。你產生了某種情緒，其實這種情緒都是你內在的各種力量疊加抵銷之後的最終呈現，或者是最後勝出的那一種力量的呈現，所以它的存在有其必然性。

如果你質疑這個事實發生的必然性，可能是因為你無法看見後面的整個條件與邏輯。對他人亦是如此。我們經常會對別人說「你怎麼做得出這種事情」，當你發問的時候，你早就應該明白，對方已經做了。他已經做了，你還質疑，就說明你的判斷是錯的。這並不是說他做的這件事是對的，而是你不能理解促使他做這件事的各種因素。

例如，你發現你的孩子在寫作業時偷偷抄答案，你覺得很生氣並質問孩子：「你怎麼可以直接抄答案呢？」在潛意識裡，你認為你的孩子不可能抄答案，但事實是他確實抄了。當下你應該關心的問題其實是他為什麼抄答案？也許是因為教育環境和氛圍使孩子認為高分才是一切，分數至上；也可能是因為孩子曾經在其他事情上投機取巧後嚐到好處，所以他認為這樣做也能得到肯定。

人們之所以不理解一件事情發生的原因，往往是因為還沒有看到自己的系統，沒有看到自己固有的恐懼和欲望。其實這些也很難被看到，所以你需要一開始就有這樣的意識：**已經發生的事情一定有它的道理，也就是所謂的「存在即合理」**。

以下的案例可以說明接納情緒的三個階段。有一個諮詢者，他本來也是一個非常優秀的人，但由於在工作中疏忽犯了一個錯誤，被停職了一段時間。

被停職之後，他的心理壓力非常大，最後因為雙向情感障礙問題找到了我。他在向我傾訴時，時而呈現非常悲觀抑鬱的狀態，時而又出現非常焦慮的情況，時而給人躁狂之感，並且總是沉浸在「那件事情要是不發生就……」的狀態裡，但他自己並沒有意識到自己的這種狀態。

我告訴他，既然那件事情已經發生了，無論你今後做什麼，有什麼天翻地覆的變化，那件事情都已經永遠地定格在那裡，不會改變。但是我們依然有很多事情可以做，可以改變你現在對過往之事的看法。首先你要承認，那件事情已經不可避免、不可改變地在那個時候以那樣的方式發生了。

經過溝通，最後我們達成了一個共識：現在的問題並不是那件事本身造成的，而是他對那件事的反應造成的。那件事已經發生了的事實，公司也已經對事情做出處置了，所以這件事在現實層面已經過去了，只有他自己沒讓這件事在自己的感受層面過去。

停職結束後，長時間的失眠讓他的精神狀態很糟糕，令他根本不能上班，只能請病假。所以我當時對他說，你現在要解決的問題根本就不是那件事，而是因為那件事產生的情緒。

他漸漸地接受了我的說法，意識到是自己的情緒出現了問題，而且已經到了比較嚴重的程度。於是他開始逐漸由自我抗拒走向真正的自我接納。他最初的自我抗拒表現在他沒有覺察並接納自己的情緒，而是把注意力全部投注在無法改變的、已經發生的事實上。

由於事實已無法改變，他所有想改善自己狀態的意圖都必將失敗。後來，他開始按照上文介紹的方法進行改變。**首先是學會覺察，接下來的第二步就是開始嘗試自我接納。**從覺察到接納的過程，其實並不需要花費太多時間，更多的時間被花在了接受自己情緒狀態的過程上。一旦接受了、臣服了，人們就會馬上有一種輕鬆感。這個過程很快，通常大概就是一、兩週。

現在來歸納一下接納的三個階段。

首先，當人們真正接納一件已經發生的事情，並不再抗拒其促使人們產生的各種情緒時，它們就不會再製造新的問題了。

在上述例子中，這位諮詢者由於沒有接受自己被停職的既定事實，因而產生了焦慮、抑鬱等情緒，並導致了新的問題，他開始失眠，甚至無法重新回到自己的工作崗位。如果我們回顧自己的經歷就會發現，很多時候某件事所帶來的創傷或損失本來是有限的，但由於不肯接納這些創傷或損失，我們就會一直放大其中的痛苦，不斷地掙扎和糾纏，進而造成更嚴重的後果。

其實這就像深陷沼澤時，我們最不應該做的就是掙扎，因為越掙扎越危險，越掙扎越深陷。情緒也是如此，遇到本能想迴避的事情及情緒時，我們更應該理智地覺察並接納它，而不是否認它、逃避它。

當人們不再掙扎，開始接納，不再製造新的問題時，人們就可以聚焦當下，這時就迎來了接納的第二個階段。

你可能會發現，其實現在的問題已經不是一開始讓你感到困擾的那件事，而是衍生的另一個問題。這個諮詢者一開始的問題是工作失誤而被停職所產生的負面情緒與壓力，但是當這件事情已經過去，停職期滿可以恢復工作時，他卻因為個人的心理狀態無法重新工作。

正如前文所述，情緒是一種能量。過去的創傷就像情緒的催化劑，如果你一直放不下過去發生的事情，它就會一直持續地為你的情緒提供催化劑。如果你能把過去的事情留在過去，聚焦當下，那麼這件事情帶來的催化作用也就不再奏效了，這時你的情緒就能更快地平復下來。

當情緒平復之後，人們就可以開始進入接納的第三個階段——更加清晰、理性地轉變對情緒的歸因方式。一開始，這位諮詢者認為他的雙向情感障礙是停職事件造成的，而這件事又不能改變，所以自己的情緒問題也會因此無法改變，甚至會越來越嚴重、伴隨自己一生。經過一段時間的溝通與引導，他終於理解了這個情緒問題不能簡單地歸因於停職這件事，更重要的是自己的觀念系統。在接納了所有這些觀點以後，他的狀況才終於開始真正好轉。

小結

接納的三個階段：

首先，停止製造新的問題。

其次，聚焦當下。

最後，合理轉變對情緒的歸因方式，才能逐漸接納情緒。

關於情緒的箴言

①無法理解，也就無法看見；無法看見，也就無法改變。

②接受所有已經發生的事情，是解決情緒問題的道路上的一個轉捩點或里程碑。

③人們之所以不理解一件事情發生的原因，往往是因為還沒有看到自己的系統，沒有看到自己固有的恐懼和欲望。

④合理轉變對情緒的歸因方式，才能逐漸接納情緒。

09

享受情緒：覺知即超越

本節將解釋如何享受情緒。

接納可分為三個層次：忍受、臣服和超越。

抗拒，其實就是忍受的狀態。但抗拒即認同，掙扎會使問題變得嚴重，抗拒甚至會創造出新的問題。臣服即解脫，是指當人們真正放棄掙扎而開始關注當下的情緒時，當下的情緒反而能比較快地平息。

接下來要介紹的是覺知，即超越。

前文提及那位在工作上犯了錯誤而被停職的諮詢者，他的情緒因此演變成雙向情感障礙。我們現在應該都能明白，他之所以會產生雙向情感障礙，主要原因並不是犯錯這件事多麼嚴重，而是他自身的反應系統使他習慣性地反覆糾結，阻礙了他自己的接納、解脫。

在經歷了「臣服」之後，他的問題得以解決，但這並沒有消除所謂的「病灶」，也就是反應系統的問題。此時應該反過來找到被這件事呈現出來的反應系統，再用覺知的方法進入意識，對原有的反應系統進行改善並超越。這種超越是指超越固有的模式，對反應系統進行升級更新。

我有一位諮詢者，大概二十五、六歲，工作非常忙碌，收入也比較豐厚，但他一點也不喜歡那份工作，為此情緒非常糟糕。他是家裡的老大，父親在他大概六、七歲時意外去世，家裡除了母親，還有一個弟弟和一個妹妹。

他的母親要求他每個月都要給家裡一定的經濟支持，這也已經成為他多年來養成的一個習慣，所以儘管這份工作讓他感到非常痛苦，但他並不能辭職。他覺得自己沒有辦法而且也沒有權利擺脫這樣的生活，因而對此十分絕望。每次他坐在我面前時，整個人都顯得無比緊繃，脖子伸得直直的，講話速度也很快，他的緊張甚至會影響到我。

他第一次到我的諮詢室進行諮詢時，我們有過一次討論，當時的討論內容讓我至今記憶猶新。

我問他：「如果現在你被告知生命只剩最後的三個月，你會怎麼做？」

我問這個問題的目的是想告訴他，萬一有一個不可抗力的因素存在，他還是不得不離開現在這份令他痛苦的工作，而他也確實回答說：「如果只剩三個月的話，我會辭職去做一些我自己想做的事。」

但是讓我印象最深刻的是，當我再問他：「那如果你的生命還有一年，你會怎麼辦？」他猶豫了一下說：「那就繼續工作，工作到還剩三個月的時候再辭職。」這個答案讓我十分意外和吃驚。

也就是說，在他的價值觀裡，在他的生命中，真正屬於他自己的時間只有三個月，這樣的意志非常觸動我。他在我這裡持續諮詢了兩年。在這兩年中，我也見證著他走完了前文所述對情緒的覺察、接納所有階段。

在第一個階段，他經常會提起小時候的故事，提起他的母親怎麼要求他。我讓他嘗試體會他在說這些事情時的情緒和感受，在這個階段的重點是著墨於讓事情產生的情緒與感受之間建立聯繫，而他在我這裡的大部分

時間都在流淚，或者說在表達情緒。

慢慢地，到了第二個階段，他意識到讓自己難受的不是已經發生的那些事情，而是自己對那些事情的看法和反應，也就是他對那些事情產生的情緒。接下來我們嘗試使他真正放下那些以前的事情，此時他的情緒已經相對平穩了，諮詢時也就很少落淚了。

然後他開始進入第三階段——覺知即超越。

在情緒趨於平穩並結合了此前的觀察之後，他慢慢發現了一套屬於自己的內化機制，這套機制導致了他當下的經歷和想法。

再後來，他釐清了自己的想法：他的生命有很大一部分並不屬於他自己。因為心中始終存在這種想法，所以如果擁有更多屬於自己的時間和生活，他就會有一股罪惡感。這個想法從何而來呢？他逐漸意識到，一切都與他的母親有關。

他的母親一個人撫養三個孩子，非常辛苦，正是因為這樣，母親不斷地向他灌輸這樣一套理論：父親不在了，你身為家裡最大的孩子，理所當然應該照顧弟弟妹妹，盡力承擔更多的家庭責任。如果你不這樣做，或者沒把這些事情做好，那麼你就不是一個孝順的孩子，更對不起已經去世的父親。

他的母親不時用自我攻擊的方法強化加諸於他的這種信念，向他訴苦，抱怨自己有多麼辛苦，而造成她「辛苦」的原因有一部分是他沒有把事情做好。漸漸地，母親的這套理論在他心裡生根、發芽，他自己也完全認同了。而現在，我的這位諮詢者在經歷了抗拒、臣服之後，迷霧慢慢散去，透過覺知，越來越清晰地看到了自己內在的信念以及它的來源，這便是帶著覺知的接納過程。因為已經完全接納了這些情緒和覺知，所以他就有條件對反應機制進行細致觀察，開啟一個選擇的空間。

這就是覺知的第一個特點，可以徹底劃分事和情。

「事」和「情」常常是疊加在一起的，人們總是關注著「事」，卻忽視了「情」在推動著「事」的發展。在這位諮詢者把「事」和「情」劃分清楚後，第二階段的主要工作就是劃清他的心理邊界。因為已經看到了這個信念，也意識到這個信念並不是他自己的，而是他的母親強加給他的，所以他可以拋掉那副枷鎖、重獲新生，他終於能理解，他才是主宰自己生命的人。

覺知的第二個特點就是覺知已經超越了情緒，而不是在情緒之中。因為情緒和反應模式就是覺知的標的物。在真正覺知時，人們會跳出原有的

情緒和反應模式，保持一種客觀中立的態度。

覺知的第三個特點就是它能自主地置換原有的一些不合理的觀念。透過覺知，人們可以發現自己的很多內在的客體，比如觀念、觀念的來源以及心理邊界，然後人們會察覺有些觀念是不合理的，這時就可以開解這些不合理的觀念。

對於這個諮詢者來說，他一直想要自主，但是長久以來都做不到，只能空有一個渴望，讓他產生很多難受的情緒。透過覺知，在瞭解了這些觀念及其來源之後，他便可以嘗試做到他希望達到的自主。這位諮詢者後來也確實發生了驚人的變化：他辭職後換了一個行業，做了旅遊行業相關的工作。因為他喜歡旅遊，每到一個風景很好的地方，他就會非常開心。

自此以後，他與親人的關係也改善了許多。為什麼呢？首先，因為他

在做這份工作的時候，自己的心情變好了，壓力也就減少了。其次，雖然他劃清了自己和家人的心理邊界，卻仍然擔負家庭責任，只不過他擔負的責任已經不是母親強加給他的，而是他自己心甘情願承擔的，他願意在一定程度上為家庭付出，而他的家人也接受他的改變和狀態。

有時人們想做一些改變會有假想的恐懼，擔心如果自己改變了，一些與此相關的重要關係就會受損甚至破裂，但事實卻可能並非如此。

小結

覺知即超越：

第一，覺知徹底分清了「事」和「情」與觀念系統。

第二，覺知本身不在情緒之中，它以一種超越的視角觀察情緒以及反

應系統。

第三，覺知讓人們可以走向自主。

關於情緒的箴言

①臣服即解脫，是指當人們真正放棄掙扎而開始關注當下的情緒時，當下的情緒反而能比較快地平息。

②有時人們想做一些改變會有假想的恐懼，擔心如果自己改變了，一些與此相關的重要關係就會受損甚至破裂，但事實卻可能並非如此。

10

表達原則：如何尊重感受，又不被感受吞沒

在對情緒進行覺察、接納後，就可以開始學習如何表達情緒。有人可能會覺得奇怪，難道不經過覺察和接納，情緒就不能被表達了嗎？

情緒是一種心理能量，總是在尋求表達，心理能量也一直在尋求可以自由流動的出口，只不過大多數人的這種情緒流動都是行為化的，在情緒轉化成行為或者按照固有模式反覆發生的過程中，這些行為包括了心結、創傷等。

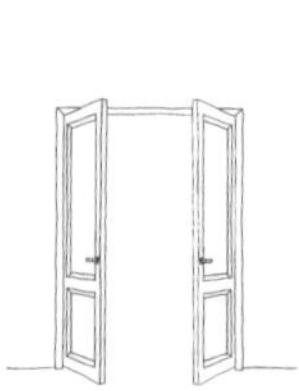

而良性應對方式之所以被稱為「良性」，是因為它可以優化情緒的表達方式。

在用這種優化的方式表達了情緒之後，人們就會體會到以下效果：

第一，情緒會趨於平穩。

第二，理解自己為什麼有這種情緒。

第三，改變不合理的情緒釋放方式，並且找出正確應對不合理情緒的模式。

良性應對方式的價值就體現在這些方面。很多時候，並不是人們自身不想改變那些不良應對方式，而是長久以來都沒有找到合適的方法，所以即便不良應對方式一直帶來很多痛苦，人們有時還是無能為力。而個人的良性情緒表達也並非易事，想改變固有的情緒表達方式，十分需要進行反覆練習。

人們會把情緒聚焦在表達的原則上，其中有三點值得注意。

第一點，表達環節一定要發生在前文所說的覺察和接納之後。如果沒有覺察和接納提供的客體和素材，那麼表達就是巧婦難為無米之炊。如果沒有跟身體連接的覺察，以及對覺察到的內容的全然接納，那麼表達實際上也並不是真正意義上的表達，只是在重複原有的模式。

這一點特別重要，就好像前文中的那位諮詢者。他只留三個月的時間為自己而活。如果他沒有經歷自我覺察和接納的過程，那麼這三個月為己而活的意念，其實只是情緒的自我發洩或是壓抑這種不良的表達，而不是在看到了內在系統、內在觀念之後的良性表達。

第二點，表達的過程離不開語言，更重要的是，這種表達不能離開感受。

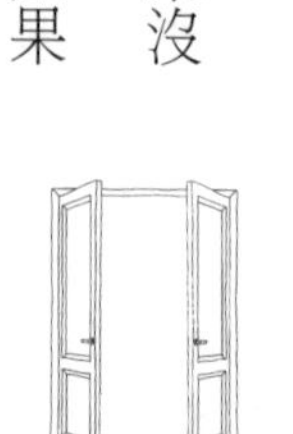

比如在學習一門課程時，無論是看文字、聽語音還是提問，這些內容都離不開語言，所有與語言相關的部分都是已經被意識覺察的部分。只是，語言和人們的感受與體驗是兩個不同的領域，這兩個領域的連接和互相平衡是良性情緒表達的關鍵。情緒的表達一方面可以促進對情緒的意識化，另一方面也可以促使情緒做為一種能量進行運動，同時它也顯現了個人的反應模式。

舉個例子，我有一位患有強迫行為的諮詢者，她總是有一些反覆檢查的行為，像是出門後總是擔心門沒有鎖好，所以雖然可能已經走了一段距離了，還是會返家再檢查。有時候檢查一次還不行，她還會反覆回去好幾趟。

在這裡要注意的是，這種強迫行為一定同時伴有一個反強迫的意識，那就是她一邊覺得自己沒有必要回去檢查，一邊又認定這種檢查很有必要，萬一門沒關好、瓦斯沒關好，將會為自己帶來很大的麻煩，所以她總是表現得緊張兮兮的。

那麼，這樣的人應該如何練習情緒表達呢？

在她鎖了門，走出去一段距離又想返回去檢查的時候，我們不應該鼓勵她返回去檢查，而是該鼓勵她開始情緒表達。這個表達首先是把頭腦中的念頭直接傳遞出來，比如她可能會產生以下念頭：如果門沒鎖好，也許會有小偷進去，家裡會丟東西。

但同時她還會有另一個念頭：根據以往的經驗，回去檢查後往往會發現只是一個沒有必要的擔心而已。把這兩個念頭用語言表達出來之後，下一步是繼續用語言鎖定感受、鎖定情緒，也就是瞭解到有這種衝突的想法時，她處於一種怎樣的情緒或體驗之中。

像是，如果這時候她沒有返回檢查，她可能會兩腿發抖或胸悶。當她把這種身體感受用語言表達出來時，這個能量就已經在流動了。因為語言本身就是意識的載體，一旦透過語言表達了感受，她就會逐漸明白，都是自己的那些觀念使自己產生了這些身體反應，而這種身體反應會不斷地消耗自身能量。

當語言鎖定在身體感受上時，實際上她已經聚焦了自己的情緒，不斷地表達就會使能量的消耗越來越低。這時她就會發現，即使這次沒有回去檢查，她的焦慮也可以下降到一個可以控制的程度。

在這裡需要說明的是，用語言表達身體上的感受時，人們暫時不需要瞭解這個感受背後的觀念，只要先把注意力鎖定在感受情緒上，也就是鎖定在有能量的部分。因為最後驅使人們行動的是能量，而不是觀念，觀念

觸發了情緒，情緒的能量驅動了行為。

比如，這位諮詢者在進行表達時，首先不需要清楚自己強迫行為的來源，以及背後反映了自己的什麼觀念。她要做的只是阻斷行為，讓情緒流動。

就好像孩子在調皮搗蛋時，家長因為生氣而很想打孩子。這時家長真正要做的不是「打」這個行為，而是要梳理並透過語言表達發生了什麼事，這件事導致自己有了怎樣的情緒、感受。

而接下來就是表達情緒原則的第三點：既不能離開感受，又不能被感受所淹沒。

比如，一個人沉浸在暴躁情緒中，這個人的腦中可能就會產生一些消極的念頭，甚至已經在想以什麼方式實現了。

暴躁情緒促使他產生這些行為，但他此時只是覺得自己很難受，想結束這種痛苦，已經很難再去覺察自己的觀念系統。這時不妨先不理會他為什麼暴躁，依然採用覺察當下的方法，讓他嘗試表達自己所覺察的內容。此處並不是讓他關注那些消極的念頭，而是要讓他明白，他是因為非常難受，所以想透過那些消極的方式擺脫當下難受的感覺，然後讓他盡量多多地表達身體的反應，比如他是否會覺得胸悶、呼吸困難等。

在表達想法時，要把這些想法客體化，客觀、中立地說出來。他可能會因此發現自己的目的不是實現那些消極的念頭，而是想透過做這些事情去擺脫痛苦——這二者之間有天壤之別。

在沒有對這種痛苦進行表達時，他會認為做這些不好的事情是自己的願望，而在做了這樣的表達後，他就不會單純地被感受淹沒。他可能會發現**這只是自己萌生的一個念頭，而念頭是會變的。讓自己跳出來，站在旁觀者的位置觀察，這點特別重要**。這種不被感受淹沒的操作，實際上擴大了意識範圍，也被稱為主體的客體化。

小結

需要把握的三個情緒表達的原則重點：

第一，有效的表達情緒不能越過覺察和接納這兩個環節。

第二，在表達情緒時不要離開感受，而要聚焦感受。

第三，聚焦感受的同時，不能被感受淹沒，要把自己放到旁觀者的位置進行體會感受。

關於情緒的箴言

①所有與語言相關的部分都是已經被意識察覺的部分。

②不被感受淹沒的操作，實際上擴大了意識範圍。

11 表達載體：除了說出來，還能怎麼做

情緒的良性應對方式分為三大步驟：覺察、接納和表達。如上文所述，情緒表達原則中有三個要點需要注意，接下來要介紹情緒表達的意義與層次。

如果把整個應對情緒看成是一道菜的製作過程，那麼覺察相當於發現了做這道菜的原料，而接納則是獲取了這些原料，表達則是把這些原料製作成一道非常有營養的菜餚的過程。

良性應對與平時按照自己固有的表達模式之間的最大不同就是，良性應對對情緒的覺察、接納和表達，都應該在關注自己內在的框架下進行。換言之，人們在對情緒進行良性應對時，情緒的能量並沒有向外走，這個過程中的任何一個環節，都沒有指向人們認為讓自己產生情緒的那個人事物的行動。這是一個非常核心的點。

良性應對的宗旨是把情緒看作一種能量，這種能量產生之後，人們不應該把它主動投向外界，而是應該把它視為照亮自身反應系統的一束光。

下面來看看情緒表達具有哪些意義。

情緒表達的第一層意義是，情緒在表達後，可以成為意識再認知的客體。比如，有一種非常有效的心理治療方式叫作「沙盤遊戲治療」，這種治療方法多用於中小學。

一個孩子之所以會產生很多複雜情緒，可能是很多原因引起的，也許是因為父母的關係不好，也許是因為父母的管教過於嚴厲，也許是與同學的相處出現了問題。各種各樣的情緒都可能會以行為的方式表達出來，例如過動、脾氣暴躁等，但自然的表達過程可能會影響自己或干擾他人。而在沙盤遊戲中，學生們可以嘗試進行一種模擬表達：他可以從架上拿一些沙具，任意地擺在沙盤中，這些沙具有各種各樣的人物、動物、交通工具、建築物等。

當把沙具擺在沙盤中時，人們就可以看到自己實際上已經把情緒呈現在了沙盤上，把本來看不見、摸不著的情緒變成了看得見、摸得著的系統。在這個系統中，可以看到一些人們失衡的表現。比如有的人把所有沙具都集中在某個角落，或者沙盤中有大量對立的元素，像是有攻擊者、有防衛者，有的人在沙盤裡放了很多士兵或修建了一些城牆。

這些東西一旦被表達出來，對這個人而言，就等於進行了再認知。雖然再認知的過程可能並非完全語言化的，但其中的情緒也一樣被看見了、摸到了。反覆進行沙盤治療的過程，其實就是人們調整自己內在系統的過程。

情緒表達的第二層意義是，這種表達可以讓情緒的能量流動起來。因為情緒的能量在無法流動時會不斷地累積，這種積累會造成生理上和心理上的雙重壓力，就像一個氣球越吹越鼓，最後一定會爆炸。由於氣球的爆炸是被動的，人們不知道爆炸會發生在什麼時候、什麼地方，這可能會產生一些不可預期的，也許是非常嚴重的後果。

如前文所述，人們每天做的夢有一個很重要的功能，就是表達情緒。

夢能把情緒變成一些個人正在經歷的事情，形成夢境。在你的現實生活中可能存在無法表達的恐懼情緒，那麼你可能就會夢到有老虎追你。在有老虎追你的情況下，表達恐懼情緒也就非常自然而合理。你在夢中大聲呼救，真切地覺察那種恐懼，這個過程使情緒得到了有效的表達和流動。

這其實就是我們每個人天生的心理平衡系統，它非常重要，卻很少被人關注。在一般情況下，人們即使記得自己做了什麼夢，也不會太過於在意夢的成因，也許只是覺得夢很奇怪。其實人們應該更加關注自己的夢境，因為它已經呈現在那裡，而所有人都可以直接透過這個已有的素材瞭解自己。

此處需要強調的是，本書所說的讓情緒流動，一般不是指讓情緒在真實的關係中流動，而是指以一個模擬的情境讓情緒流動，比如心理沙盤。

這樣一來，在沙盤裡呈現的情緒就不會對現實的關係造成直接衝擊和影響。你也可以透過藝術治療以及身體表達的方式來表達情緒，像是可以根據自己的心情畫一幅畫，或者讓自己的身體做一些動作。

這些都是既可以讓能量流動，又可以呈現一些被意識再認知的客體的方法。

情緒表達的第三層意義是，這種表達讓情緒所承載的資訊得以呈現。此處的資訊是指有關觀念系統的資訊。情緒的任何表達，即便是不良的表達，也可能呈現關於觀念系統的資訊。比如我的一位諮詢者，總是強迫自己洗手，一天要洗無數遍，因為反覆地洗手，導致他的手儘管已經脫皮了，他依舊無法停止。

後來我們嘗試讓他用語言表達這種感受，並且理解洗手的象徵性意義。一般通常認為，洗手是將不潔的東西去掉，而這位諮詢者心理上的不潔感來自小時候經歷的一件事，因為他覺得那件事情很髒，所以才要用這種不停地洗手的方式表達自己想要擺脫這種不潔感。

小時候，有一次他夜裡醒來發現自己尿床了，就去父母的房間尋求幫助，卻碰上父母正在燕好交歡。父母並沒有對他解釋這件事，還嚴厲地指責他為什麼那麼大了還尿床。於是他把性行為和尿床與不潔感綁定，而對性的禁忌讓他沒有辦法表達這種不潔感，最終發展成強迫洗手的行為，用這種象徵性的方式擺脫心理上的不潔感。就在他把這一切內容表達出來後，強迫洗手的行為自然得到了有效緩解，因為這個沉重的心理壓力得到釋放後，讓他必須反覆洗手的強大驅動力也就減弱了。

表達可分為兩個部分：非語言化的表達和語言化的表達。

為什麼要強調語言化呢？

人們有各種各樣的方式可以表達情緒，如前文所述的不良表達，像是壓抑、發洩、身體上的症狀等；以及良性表達，像是藝術的表達、身體的表達等。良性表達的終極形態是意識化，所謂的意識化就是人們理解了自己為什麼會這樣，也就是說，你不但瞭解自己的感受以及這種感受可以驅動自己產生的各種各樣的行為，而且知道自己為什麼會有這樣的感受。

而實現意識化的途徑就是語言。

先來瞭解情緒表達的三種層次。

第一種層次是自然表達。情緒做為一種能量，總是要尋求流動和釋放。按照原有模式進行的表達可能不是良性的，像是若直接把怒火發洩出來，就可能會傷害關係；但如果壓抑自己的情緒，又可能有損自己的心理和身體的健康。

第二種層次是逐漸找到一個屬於自己的安全空間和載體。比如，上文所述的沙盤遊戲或音樂、繪畫，或者是與自己的身體進行連接。你可以嘗試找到一個安全的載體，這個載體可以任你自由表達而不損害現實中的關係，但是它同樣能使情緒能量很好地流動，而且能適當地將情緒呈現出來。

第三種層次是把情緒過程意識化，也就是語言化。人們要觀察自己怎麼進行表達，從而瞭解自己的反應模式。舉個例子，很多的藝術家都找到了如何把自己的情緒、感受透過藝術載體呈現出來的方法。

與他們交流之後，我發現很有意思的一點，他們的情緒雖然流動了，卻不再因為壓抑情緒而難受了，但是把表達的具體內容語言化，依然對他們瞭解自身非常重要，而且這種語言化可以改變他們的繪畫風格，久而久之也有助於他們提高藝術水準，推動其創作往更高深的境界而去。

小結

情緒表達的意義：

第一，它能讓情緒成為意識再認知的客體。

第二，它能讓情緒能量流動。

第三，它能讓情緒所承載的資訊得以呈現。

情緒表達的三種層次：

第一種層次是原始的自然表達，可能會損害人際關係。

第二種層次是找到一個安全的載體進行表達，這樣就不會損害現實關係。

第三種層次是將這種表達進行意識化，也就是進行語言化，這能讓人們瞭解自己的反應系統。

關於情緒的箴言

① 對情緒的覺察、接納和表達，都應該在關注自己內在的框架下進行。

② 良性表達的終極形態是意識化。

12 藝術表達：玩泥巴竟然能「救命」？

在對情緒的流動有了充分的覺察和全然接納之後，人們就要開始掌握如何表達情緒，讓情緒真正流動起來。

情緒的表達方式有各式各樣，本節主要介紹的是如何用藝術表達個人的情緒。

人們可以透過各種藝術載體進行情緒表達，無論是音樂、繪畫還是雕塑，都屬於良性表達的範疇。如前文所述，在真實關係中發洩情緒可能會

使關係受到損害，但藝術這種載體既可以讓人們的情緒能量流動，又可以呈現情緒裡所蘊含的很多關於反應系統的訊息，並且不會對真實關係造成傷害。

西漢《毛詩序》裡有一段話貼切地表達了這一點：「詩者，志之所之也，在心為志，發言為詩，情動於中而形於言，言之不足，故嗟歎之，嗟歎之不足，故詠歌之，詠歌之不足，不知手之舞之，足之蹈之也。」

這段話說的就是詩歌是人們的內心一種意識想表達的內容，說出來就變成了詩。作詩的人內在有了情緒、情感，表達出來就成了語言。常見的情況是，用語言表達不盡時，人們就會唉聲歎氣；如果歎息還不足以表達內心活動，人們就會去歌詠它；如果歌詠也不足以表達，人們就會手舞足蹈，用身體來表達。這段話說明了在各種各樣表達情緒的方式中，大部分都與藝術表達相關。

首先來看看音樂。音樂是很神奇而且無國界的，即便是在聽一首陌生的外文歌，人們也能感覺出這是一首悲傷的歌還是歡快的歌，直接證明了音樂是一個很好的情緒載體。

「聲音」「音樂」是人們司空見慣的詞語，人們通常不會把「聲」和「音」、「音」和「樂」分開識別、體會。其實，這幾個字各有各的意義，並不完全相通。

「聲」是什麼意思？「聲」是指動物的發聲器官發出來的聲音，比如鳥叫、蟲鳴、說話，所以「言為心聲」，言語是思想的反映。而音樂的「音」的本義是大自然發出的所有可以被聽到的聲音。

那「樂」是什麼意思呢？其實「樂」的本義是一種弦樂器，包含著某種節律。人們唱出來的歌叫「聲」，人們聽到樂器的聲音叫「音」。這些聲音形成的有規律的節拍、旋律，就屬於「樂」。

為什麼要將這些詞彙瞭解得這麼細致呢？因為這可以說明我們理解音樂如何承載和表達情緒。音樂不但表達了情緒，這些旋律還表達了人們的一些內在內容。

我有一個專門從事自由哼唱或自由詠唱的朋友，他的具體的操作方式是，大家湊在一起先放鬆一下，然後自由地用音樂表達自己的情緒，不斷地進行表達之後，人們就會發現裡面有一些規律性的內容。你可以嘗試把自己的自由哼唱錄下來，讓朋友聽一聽，問問他們聽到後有什麼情緒，以此驗證一下這種方法的效果。

如果你現在對這種自由哼唱的表達方式還比較陌生，那麼聽歌、唱

歌應該會讓你感到更加熟悉。正如前文所述，失戀的人傾向於聽悲傷的情歌。同樣的，當你感到心情愉悅時，可能會選擇聽一些比較歡快的歌。如果你感到憤怒或壓抑，唱幾首讓你聲嘶力竭的歌，也許會比單純的怒吼讓自己更舒暢。

介紹完了音樂的情緒表達方式，下面介紹繪畫如何表達情緒。繪畫也是一個非常好的載體，需要的工具非常簡單，一張紙和一支筆就足夠。如果你要畫彩色的畫，最多也就是需要一套畫筆。此處介紹的繪畫不需要經過專業的訓練，不需要以畫畫的技法約束自己。當情緒來臨時，你可以用各種線條、形狀、顏色恣意地表達意念。

這樣就能呈現前文所述的意識再認知的客體。繪畫會使你的情緒、感受躍然紙上，變成一個客體，這個客體可以被你重新認知。在透過繪畫表

達情緒後，你可以隔一段時間再回顧一下自己的作品，可能會發現每次都會有不一樣的感覺，這種感覺實際上就連接了你的內在。

曾經風靡全球的手繪塗色書《祕密花園》正是繪畫表達的一個絕佳案例。使用這本塗色書時，你要做的只是專心塗色。

塗色的這個過程能讓你放慢全身心的節奏，舒緩壓力。對於同一個圖案，不同的人可能會有不同的顏色搭配選擇。

而顏色選擇在一定程度上可以反映自己的內心世界。繪畫在這裡變成了一個載體，你可以把它想像成一個螢幕，你所有的情緒都被投射在螢幕上讓你看到，然後被你的意識再認知、再表達。

如果你堅持不斷地畫，繪畫的過程就會變成一個內在的自我療癒過程。同理，各種手作，包括陶藝和各種裝置藝術，例如用一些廢棄的易開

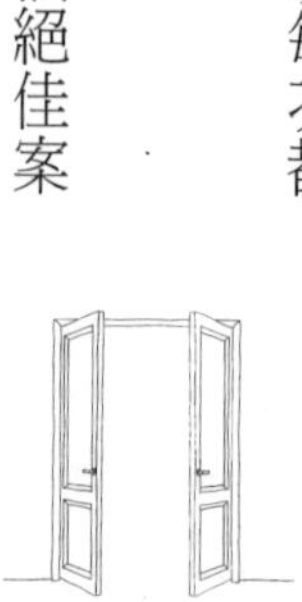

罐等組合起來變成一個藝術品，也具有同樣的療癒功能。

我的另一位藝術家朋友有很多藝術品都有著非常強烈的情感，能引起人們自身的相關感受。其中有個雕塑作品是兩個人有一種明顯撕裂的形象，而他內心的焦慮情緒就透過這樣一個藝術品表達了出來。

可能本來你有一個難受的情緒很難表達，但是你一看到這個雕塑就會產生共鳴，即便你未能用言語表達這份感受，也可以先透過藝術去體會它。我們不但可以透過去美術館或聽歌來表達自己的情緒，還可以自己做一些藝術品。很多人認為這些藝術與己無關，因為自己沒有受過專業的訓練。其實即便只是在沙灘上按照自己的想法隨意地把沙子堆出一個個形狀，或者靜下心來慢慢地把落葉擺出一幅圖案，也都屬於藝術表達的方式，這些方法都與專業訓練無關，都是每個人完全能輕易做到的。

只要不用那種專業藝術的觀念束縛自己，藝術就離我們很近，而且這些對瞭解自身情緒的流動和心理的發展來說非常重要。除了音樂、繪畫和手作之外，烹飪也有同樣的作用。很多人會說烹飪不就是做菜嗎？做菜吃飯不是為了生存嗎？這也能算藝術嗎，也能表達情緒嗎？答案其實是肯定的。

我向大家隆重推薦一部日本電影《小森林》，這部電影有兩個拍攝版本——韓國版本和日本版，而我推薦的是日本拍攝的版本。這部電影的畫面優美，節奏很慢，這種慢節奏也是一種象徵，它象徵著功能層面發生的事情很少，使人們可以有更多的空間走入自己的內在。

電影講述了一個女孩從大城市回到了日本東北部比較偏遠的一個小山村的故事，她在小山村裡根據不同季節為自己做各種各樣的食物，像是青

菜、果醬。她在做每種食物的時候，都要用手和食物接觸，這個過程中她會產生各種各樣的情緒、感受。

曾經，她的媽媽在她小時候做過各式各樣的美食給她，但是媽媽後來離家出走了。女孩很難理解這件事情，也因此產生了很多無法表達的情緒。她既透過做一些媽媽原來做過的菜來表達出她自己的情緒，同時又以這些菜為載體，與自己的母親建立了某種心理連接。在做這些媽媽做過的菜以及吃下這些飯菜時，她的身體記憶也被喚起了，很多感受和情緒得以流動，這也讓她更加深刻地理解了自己的母親。

我想讓大家透過這個影片領悟，即便像做菜這樣的日常活動，只要不僅僅把它視為一項任務，而是用心去做，用心去感受，用心去體會，它也可以變成一種藝術，帶給自己享受、領悟、療癒。在藝術裡，人人都可以盡情地表達、呈現自己的情緒，當人們帶著情感烹飪時，菜品的味道便再也不一樣。

上文談到了各種可以表達情緒的藝術門類。當然，能幫助人們表達情緒的藝術門類和形式絕不僅限於前文所提到的音樂、繪畫、手作、陶藝、烹飪，還包括了很多其他類型，舞蹈、寫作、攝影等。你完全可以自己發現、創造屬於自己的藝術門類。

藝術也確實有一些非功能的屬性，例如茶道絕對不是為了解渴。這種非功能的屬性其實就在表達精神內容、心理內容和情緒內容。

在你找到了屬於自己的藝術表達載體後，你的情緒就有了一個很好的流動、釋放、呈現的途徑，衷心希望大家都能找到自己喜歡的表達載體。

小結

第一，人們可以透過各種藝術載體進行情緒表達，無論是音樂、繪畫還是雕塑，都屬於良性表達的範疇。

第二，藝術對人們瞭解自身情緒的流動和心理的發展來說非常重要。

第三，你完全可以自己發現、創造屬於自己的藝術門類。

關於情緒的箴言

①只要不用專業藝術的觀念束縛自己，藝術就離我們很近。

②非功能的屬性其實就在表達精神內容、心理內容和情緒內容。

13 身體表達：身體都知道些什麼

如前文所述，身體是情緒的土壤、大本營，用身體表達情緒非常自然，人們甚至不可能不用身體來表達情緒，比如人們在緊張時會發抖，在恐懼時可能會很想上廁所，焦慮時可能會心跳加速……這些用身體表達情緒的情況是自發性的。接下來一起看看如何主動地用身體表達情緒，主動表達有什麼好處呢？

主動表達會讓人們的意識的參與度比較高，比較容易覺察在這種表達

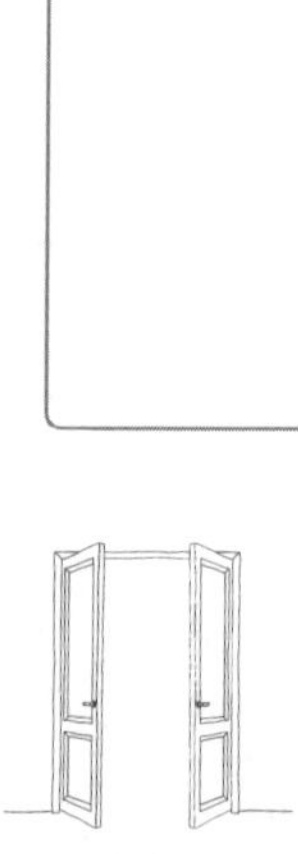

之後的感受，以及這種感受所映射出來的反應系統。

下面介紹幾種常見的透過身體表達情緒的方式。

第一個要介紹的是心理劇。心理劇是由精神病理學家雅各．L莫雷諾（JacobL.Moreno）在一九二一年提出的，意圖幫助參與者在各種身體動作、模擬、塑形的過程中體驗或再現自己的情緒、情感、夢境及過去的創傷。隨著劇情的演變和逐漸聚焦身體的感受，一些固化在身體中的情緒可以得到釋放、流動和重組。

心理劇發展到今天有各種流派，但本質都是利用團體使那些不能語言化的內在情緒、情感具象化，變成可以看得見、摸得著的某個形體動作，隨著劇情變化，對某個核心議題進行呈現、流動和調整，這種呈現既可以表達個人的議題，也可以表達集體的議題。

我曾排演過一個名為《海盜船》的心理劇，心理劇的參與者全部是十五歲以下的青少年，這是一個半開放式的心理劇——所謂「半開放」是指只提供劇情背景，不限制劇情發展——開始的劇情是一群海盜得到了一張藏寶圖，他們決定根據這張藏寶圖去尋寶，他們在路途中遇到了巨大風浪……整個表演過程禁止說話，只能用身體表達，這裡呈現的主要議題是「恐懼與勇氣」「個人與集體」。

表現的整個過程頗有戲劇性，場面一度看起來混亂無序，風浪來臨時，有的人蜷縮在角落，有的人抱在一起，有的人急忙尋找工具，有的人跳海逃生。在最後的分享環節、大家可以說話時，每個人都熱烈參與了討論，普遍都在說自己對如何用身體表達情緒有了更多的瞭解。

心理劇使他們瞭解了自己在產生某種情緒時，比如恐懼，自己的身體是如何反應的，同時也發現別人可能會用其他的身體動作表達同樣的情緒。這種觀察很重要，它一方面使你理解了自己和別人，另一方面也使人們知道了其他的表達方式，並且能在今後的某種情境中嘗試這種表達方式。

第二個要介紹的是舞動治療。這裡所說的「舞動」和上一節提及的用藝術表達情緒是一樣的，不需要有專業的背景，只要去嘗試即可。把身體當作一個載體，體會自己當下的情緒，讓肢體受到情緒的驅動，任意地表達和呈現。舞動表達的核心是對肢體動作沒有任何預設，不是要完成或模仿某個動作，而是將自己的身體完全工具化。

當你有一些說不清、道不明的情緒時，比如感到煩躁不安時，首先可以找到一個安全、有足夠空間的地方，放鬆、聚焦自己的身體。然後給自己一個輕微暗示：接下來我將不加任何評判和控制地允許身體呈現與表達當下的情緒狀態。接著，你可以感受自己的情緒，在有了任何感受的第一刻，就開始舞動自己的身體。

一開始你可能會有種陌生和遲滯的感覺。沒有關係，這就像你初次打開一扇塵封已久的大門，可能並不順暢，甚至有吱吱呀呀的聲音一樣。但只要你反覆練習，這個過程就會越來越順暢。我建議大家可以將自己舞動的過程記錄下來，結束以後再回看，這樣就可以對舞動過程呈現的心理內容進行再感受、再回饋、再認識。到時你看到的已經不是肢體動作，而是自己的情緒，以及自己應對這種情緒的模式。

第三個要介紹的是瑜伽。現在越來越多的人喜歡練瑜伽，但是要注意在練習瑜伽時不要把它看成體操，或者僅僅完成身體上的一些動作而已。

「瑜伽」這個詞來源於它的梵文讀音「yug」（yoga）。其本義是「相應」，也就是透過肢體的特定動作接收，或者發射某些訊號，所以真正的瑜伽一定有精神方面的內容。你可以在練瑜伽的過程中體會不同的體式與情緒之間的雙向互動。所謂雙向，一方面指的是表達，另一方面指的是調整。

另外，瑜伽裡通常都有放鬆、伸展和對身體的緊張狀態的觀察，如果你仔細體會這些元素，就會發現它們都有利於情緒的表達。若能在瑜伽伸展原來非常緊張的身體部位的同時，加上一些對情緒以及情緒背後所蘊含的觀念的覺察，可能就會為自己帶來更豐富的意義和功能。

除了心理劇、舞動治療和瑜伽之外，更常見的一種表達方式是跑步。

在知名電影《阿甘正傳》中，電影的主人公阿甘智商只有七十五，從小就受到同齡人的欺凌。在他受到同學欺負時，女孩珍妮總會保護著他，要他快跑。中學時期，有一次阿甘在逃避別人追趕時誤入一個橄欖球場，因為阿甘跑得非常快，機緣巧合之下被教練破格錄取，順利進入大學。多年以後，時過境遷，他和珍妮分分合合，他突發奇想地開始跑步橫越美國，這個舉動引起了全美各方關注。

事實上，這部電影的情節背後確實有真人真事原型。

一九八二年，一個年僅十六歲的美國少年為了履行他和對抗骨癌的好友的約定，開始跑步橫越美國。

十四年後的一九九六年，為了紀念因愛滋病去世的哥哥，他再次展開漫長的跑步之旅。二〇〇五年，為了喚起立法者對兒童性騷擾的關注，他第三次上了路。

如今已有越來越多人喜歡跑步，我想說的是跑步帶給你的愉悅並不僅僅是對身體有益，跑步的過程實際上也是讓人們把注意力放回自己身體上的過程。

特別是人們達到某些極限的時候，例如跑完一場馬拉松時，這時人們對自己精神的控制和束縛就可能會放鬆下來。

因此跑步也能有助於你釋放、表達和呈現很多的東西，讓你的情緒能量得以流動。

小結

大家都可以根據自己的情況去選擇和嘗試用身體表達情緒的幾種常用方式，例如心理劇、舞動、瑜伽和跑步。

這些形式雖有不同，但非常重要的一個共同點就是不管什麼形式的身體動作或身體反應，都要加上觀察、覺察的意識，要主動從這個動作中、從身體本身的姿態中尋找一些情緒資訊。

用身體表達情緒的形式絕不僅限於此，你可以觀察和體會日常生活中任何與身體有關的動作，它們都可能會成為情緒表達的載體。

你也可以開發屬於自己的、用身體表達情緒的利器。

關於情緒的箴言

①這些用身體表達情緒的情況是自發性的。

②主動表達會讓人們的意識的參與度比較高，比較容易覺察在這種表達之後的感受，以及這種感受所映射出來的反應系統。

14

語言表達（一）：語言如何影響情緒

語言是表達情緒的終極形態，也就是說，我們身為人，不管怎麼樣，情緒最終還是要用語言來表達。

為什麼呢？因為只有用語言表達，人們才能真正地了解自己。當一件事情還不能語言化時，人們就只能去感受。

像是你只知道自己的感覺是舒服還是難受，但你並不知道具體是哪種類型的舒服或難受，更不知道這種感受從何而來。

當你能透過語言表達自己的感受時，才能更加清晰地明白自己的具體感受到底是什麼。

那麼，語言和情緒到底是什麼關係？

當內在產生一些情緒、感受時，人們會想知道自己發生了什麼，這就有了語言化表達的動機。人們會為自己講一個故事，讓自己能理解自己身上到底發生了什麼。人們產生的情緒、感受，促使自己以語言化的方式表達，從而幫助人們理解自己的感受。

如果自己身上有很多無法理解的感受，生活在一堆非常混亂無序的情緒中，人們可能會覺得很難受，因為沒有辦法把這些內在感受語言化，讓它們在意識層面變得可知。而具象化便是在為語言化表達做準備。在透過畫畫、陶藝、哼唱或跑步等方式把感受表達出來後，人們就把它具象化了。

具象化以後，人們在認知這個意象時，就能更直觀地感受這個情緒，也就能更容易地把情緒語言化。同理，理解別人的情緒的過程也是一樣的。一個人在哼歌時，我們可能會問：「你今天怎麼這麼開心？」因為這個哼唱的行為把情緒具象化了，人們能看到、聽到他的行為，所以也能感受他的情緒。其實，用語言表達情緒的這個過程往往是帶有主觀傾向的，同一個客觀事實可以引出不同的語言表達，而且不同的表達會直接影響之後的情緒走向。

比如，一個孩子受到了另外一個孩子的欺負，開始號啕大哭。這時他是在用身體自發地表達情緒。如果這時被老師看到了，老師會問他：「你怎麼了？」孩子指著欺負他的那個孩子會說「他打我」，「他打我」是個具體的、客觀的行為，而這時老師的語言反應便非常重要。

如果這個老師說：「是不是他打你，讓你覺得很委屈？你不明白他為什麼無緣無故地打你？」這個孩子如果認同老師的話，就會把自己的情緒標記理解為委屈，並且順著這個理解表達自己。因此，他的感受已經在這個過程中被語言處理了、建構了。

如果這個老師說：「你怎麼可以這麼生氣？」如果這個孩子認同了老師對他情緒的評判，他可能會說：「我很生氣，我現在要打他。他一直欺負我。」這時，這個孩子語言背後的情緒能量還是和原來一樣，但是由於語言表達的重點不同，接著的態度和行為也會隨之而變。這就好像用語言修了一個通道，或者設計了一條讓能量流動的路線。人們透過語言把控這條路線的走向，這條路可能走向康莊大道，也可能走向懸崖絕壁。

雖然語言和情緒的相互作用普遍適用於所有人，但是不同文化背景也會影響語言和情緒之間的具體作用。人們從一出生就必然處於某種文化的影響之下，這也對情緒表達產生了一些影響。像是遊樂場裡有一個遊戲，但是孩子不敢玩這個遊戲，這時候父母可能會說：「別害怕，這個很有趣喔。」

父母在說別害怕的時候，就已經確立了他們的孩子此刻的情緒和恐懼有關的。他們在前面用了一個否定的詞：「別」，實際上就是一種對感受的否認和拒絕。當父母對孩子說別害怕的時候，這個孩子當時可能確實存在恐懼，但是父母要求孩子拒絕這種感受。

如果他們換一種表達，對孩子說：「你可以體會一下你現在的情緒，想想你為什麼會有這種感受，然後再決定要不要繼續這件事。」這樣的一種表達方式會產生不同的影響。

如果這個孩子聽到的是「別害怕」，那麼他就學會了否認和壓抑，學會了不表達自己的感受，這可能會影響他往後應對情緒的方式。他往後可能會找一個客觀的理由來逃避不想做的事，而不是直接表達自己的感受。例如他說自己肚子疼，所以不能去玩這個，這就導致了他的情緒表達有可能變得非常曲折。

當父母採用第二種說法時，他們實際上採取了情緒的良性應對方式，首先覺察自己的感受，不排斥自己的感受，再去做選擇。真正的勇敢，並不是不恐懼，而是知道自己有所恐懼，但這份恐懼並不能阻擋他去做想要做的事情。

實際上感到恐懼卻不自知的人，可能是有些傻氣，明明是一件很危險的事情，自己卻不知道危險；也有可能是壓抑、否認了自己的恐懼感受。

所以要特別注意文化帶來的影響，反思這種影響可能會帶來的一些後果，並且在關於情緒表達的問題上、用語言表達的問題上，嘗試突破這種限制。

關於情緒和語言的關係，還有一點比較重要的影響因素是詞彙。不管什麼人，無論什麼年齡，平時說話的時候往往會有一個或一些慣用語，也就是口頭禪。

比如有的人一碰到問題，就說「完了」。這種口頭禪本身就對情緒發揮了主導的作用。假設你現在要趕高鐵，但被一些事情耽誤、晚出門了。在這種情況下，時間緊迫是一個客觀事實。

這個客觀事實，只是一個外在的刺激，如果這時你的主觀反應是馬上說「完了」，就額外為自己增加了一個很大的情緒負荷。經常說「完了」

的人，往往是一個比較悲觀、焦慮的人。在這種時候，你除了要面對本來就很緊張的時間，還要應對這個讓人心煩意亂的情緒，可能會導致你在匆忙之際上錯了車或下錯了站，因為這時你的心已經慌亂了。反過來，如果你的心非常安穩，並且相信只要靜下心來想辦法解決，就很有可能扭轉現狀，那麼你的態度可能就會完全不一樣，結果也會隨之不同。不僅事情的結果不一樣，情緒的感受也會煥然一新。

小結

情緒與語言的關係如下：

第一，情緒和語言是交互影響的，情緒促使人們用語言表達自己的感受，人們表達出來的語言，同樣對情緒又有約束和建構的作用。

第二，文化背景對情緒的表達也有影響。

第三，經常使用的詞彙對情緒也有影響以及約束作用。

關於情緒的箴言

① 語言是表達情緒的終極形態。

② 只有用語言表達，你才能真正地瞭解自己。

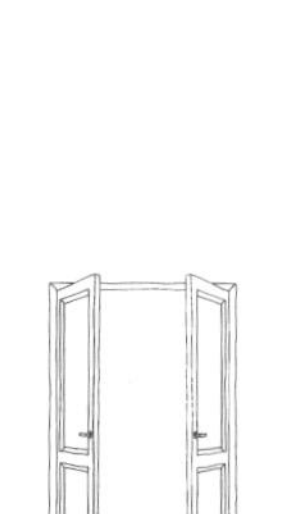

15 語言表達（二）：如何用語言駕馭情緒

在清楚了情緒和語言的關係後，人們要聚焦於到底如何用語言表達情緒。如前文所述，當某個情緒產生時，它一定會在三個方面有所顯現：除了情緒本身之外，它還會透過身體及念頭顯現。而所謂用語言表達情緒，就是指在這三個方面要用語言表達。

首先，我們要學會用語言表達情緒在身體上的投影或反應。當你說「我現在非常緊張」時，這只是一句話，但緊張在身體是如何呈現出來的

呢？你可能會發現自己心跳「怦怦怦」地加速狂跳。

如果你覺得這樣的表達方式還不是特別精準，這時你的腦海中可能就會冒出一些其他的意象，這些意象能貼切地把原來看不見、摸不著的情緒具象化。比如「小鹿亂撞」，這就是一種意象，透過這種方式，人們可以層層深入地表達情緒在身體上的投影。

再舉個例子，「我心裡難受」，若你仔細體會這到底是怎樣的難受，可能會說感覺心裡很悶。如果進一步思考這是什麼樣的悶，你可能會說心頭好像壓了一塊大石頭，那「心頭壓了一塊大石頭」，這就是一個意象了。我們還可以進一步細化語言，其實也就是細化意象，比如這塊石頭體積有多大，甚至可以試著想像它的顏色等等。

慢慢地，情緒在身體上的投影就可以精準地被表達出來，原來的難受

變成了悶，悶變成了壓在心上的石頭，甚至可以明確那塊石頭的形狀和大小，這樣你就會越來越清楚自己的情緒在身體上的感受。表達身體上的感受對瞭解自身的情緒會發揮一個根本性的穩定作用，因為我們知道了，身體是情緒的根本。

其次，人們還要表達「地面」以上的部分——情緒感受。即便無法描述情緒，人們也可以把情緒意象化。例如你是因為考試而緊張，或你是因為初次約會而緊張。考試和約會本身就是兩個不同的情境，其緊張程度也是不一樣的。再比如，同樣是高興，發了一筆獎金的高興和好不容易搶到一張偶像演唱會門票的高興，這二者也截然不同。所以在表達情緒時也和表達身體的感受一樣，首先要把情緒意象化，這個意象可以比一個籠統描述情緒的詞語更能精準定位情緒。

因為情緒的種類有限，而意象是無窮無盡的，也就是說人們可以把同一種情緒和各式各樣的事情聯繫起來。如果只是空洞地表達情緒的種類，人們就沒有辦法準確地表達自己的情緒。

還有一件重要的事情是，要嘗試表達情緒的強度。像是你第一次去聽演唱會，現場聲光影音效果給你的感覺非常震撼，讓你整個人都很興奮，然後你說出「我現在非常興奮」。但是，這個「非常」在你的人生體驗中到底處於一個什麼位置？

透過比較，你可能會發現現在雖然很興奮，卻不如你第一次看到大海時那麼興奮，那麼你就能把你的體驗從過往經驗中進行精確定位。這樣的定位有助於你瞭解自己。如果總是很誇張地描述自己的體驗，那麼其實你可能並不能精確地區分各種相似感受在你身上的細微差別。

還有一點需要注意的是，人們通常可以比較客觀地用語言表達自己的身體感受，例如覺得心跳加速、手心出汗或是哪裡不舒服。但有時人們在用語言表達情緒的時候，會覺得自己的這種情緒是不恰當的。

比如你在表達上臺演講之前緊張時，可能會覺得不好意思，或者對自己有一個批判，認為不應該產生這樣的情緒。但是這種批判在嘗試處理情緒本身時可能會放大你的情緒，相當於又給你額外增加了一個負擔，所以有時越不想緊張的人就會越緊張，正是因為他老是想對抗自身的緊張。

如實地用語言描述和表達自己的情緒本身就是一種最好的、可能也是最快的處理方法。這裡說的處理是指它更加容易被納入意識系統，也就是指意識能看見情緒，能理解情緒，從而能影響情緒，這是很關鍵的一點。

除了直接表達身體上的感受和情緒本身之外，人們還需要表達腦海中的一些念頭、意象，這時候同樣應該不加處理、不加批判地把念頭表達出來。

這當然不是鼓勵你不分對象、不分場合地直接表達自己的念頭。比如你非常痛恨一個討厭的人，甚至閃過一些比較極端的念頭，而你當然不是要對著這個人表達這些念頭，只是要非常清晰地把這些念頭對自己表達出來。

你可以對自己說「我現在腦中出現了一個想法……」，這些想法本身已經呈現了一個意象，它是一個畫面，但你不需要對這個意象再進行批判了，像是「我怎麼能這麼暴力」，或者「這樣做會去坐牢」，因為這些都是屬於對意象的處理，這種處理是對情緒表達的扭曲。

完全不需要這樣做。人們覺察念頭或表達這個念頭本身並不是為了實行這個念頭，只要使資訊和能量流動起來，人們就不用將其付諸實踐。因為很多衝動的行為會導致非常嚴重的後果，很多因衝動犯錯的人其實都是缺乏了這樣一個回饋，沒有及時發現自己的這個念頭，並且很快就被這個念頭控制了身體和行為。

衝動是魔鬼，這個魔鬼阻止人們覺察念頭，慫恿人們不假思索地直接按照念頭行動。真正會產生傷害的是行動，而念頭本身是不會造成傷害的。可以說，所有的衝動行為都是因為缺乏這樣的自我認知。其實人們在充分表達念頭之後，就可以體會這個意象所承載的訊息。比如一個人想把房子燒掉，表示他有非常大的怒火，所以用語言描述念頭本身就是在說明人們進一步用語言表達情緒，說明人們自身理解情緒。

當看到了這些念頭之後，你就會明白原來這個念頭冒出來是在表示自己此刻的情緒，而你表達這種情緒的方式正是描述這個念頭裡的行為。這一系列表達既能讓人們對自己當下的情緒感受有一個很好的認知、呈現和理解，又不會產生任何外顯的、有破壞性的行為。

現在你也許已經發現，上述所有的表達都遵循一個共同原則，就是當你無法直接表達感受時，可以嘗試將它意象化或具象化。特別需要強調的是，雖然人們可以透過表達身體感受、情緒本身以及念頭，逐步深入瞭解自己的情緒，但是在真實的情境中，它們往往是一體的。

比如，當你產生了一個想燒房子的意象時，你可能會發現身體對此會產生反應，你也許會變得緊張，拳頭會握緊，然後你可能產生新一輪的身體感受、情緒以及念頭。當你經過多次覺察和表達後，情緒就變得充分意識化了——這種意識化的終極就是語言化。

長此以往，這種過程就能加快情緒流動，並且使人們瞭解自己為什麼會產生這種情緒，以及瞭解自己在這種情緒的推動下，會採取什麼樣的應對模式和策略。

小結

要從以下三個方面用語言表達情緒：

首先，學會用語言表達情緒在身體上的投影或反應。

其次，還要用語言表達情緒感受，或者將情緒意象化。

最後，還要用語言表達腦海中的一些念頭、意象。

關於情緒的箴言

①情緒的種類有限，而意象是無窮無盡的。

②這個意象可以比一個籠統描述情緒的詞語更能精準定位情緒。

16 總結與問答

◆總結◆

本書內容主要分為四大篇，第一篇是「認識情緒」，認識情緒是指在現象的層面觀察情緒。這一篇講解了情緒背後的反應系統，區分了感受、感覺、觀念和情緒。

第二篇是「瞭解情緒」。挑選了六種最常接觸的情緒並對其進行了一

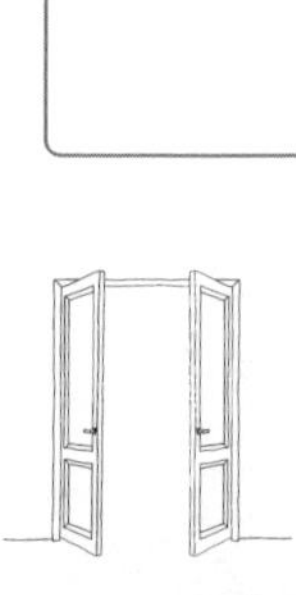

些比較深入的觀察和探討，使我們明白，所有的情緒都有其功能。例如，焦慮能激發動力；抑鬱的本質是內在正在尋求某種生命的意義；憤怒也是一種能量，可以幫助人們產生一些行為；悲傷是在嘗試修復過去，填補內心缺失的地方；恐懼最基本的功能是讓人們生存下去；而喜悅則是生命的一個報償。

第三篇是「看待情緒」，看待情緒在本書中主要是指升級人們對情緒的認知，同時也是為應對情緒做鋪陳。情緒是一種心理能量，這種能量可以轉移、可以流動，人們不應該想著如何降低能量，而是要想辦法讓它流動起來。很多不能表達的情緒都被人們儲存在身體裡，身體和情緒是雙向互動的。

情緒是信使，除了關注情緒本身，人們還應該瞭解每個情緒背後反

映出的應對模式。情緒也是一種狀態，難受的情緒像人們不喜歡的天氣一樣，總會過去的，除非你緊緊地抓住它，它才會和你不停糾纏下去。在看待情緒這篇的最後介紹了情緒和動機的關係。動機會影響情緒，比如有時你對自己提出了一個過高的要求或期待，那可能會引發你的焦慮，反而更加阻礙了你達到這個要求。

第四篇是「應對情緒」。首先介紹了一些常見的應對情緒的不良方式，包括發洩、轉移和壓抑，然後再介紹了良性應對方式大致分為三個階段：覺察、接納和表達，覺察首先是覺察身體，再來是覺察情緒本身，最後是覺察念頭。覺察之後便是接納，此處對比了三個不同的層面，第一個層面是忍受，這本質上還是一種不接納；第二個層面是接受，接受才是一種真正的接納；第三個層面是享受，就是看到了新的希望，打開了新的模式，可以開始進行選擇。在覺察、接納之後，人們進入了一個最重要的階段，那就是表達。表達情緒時要注意，不能離開感受，同時不要被感受所淹沒。在尚未能用語言表達自己的情緒時，你可以嘗試透過藝術和身體表達情緒。語言表達是表達情緒的終極方式，只有語言表達才能把情緒充分意識化。

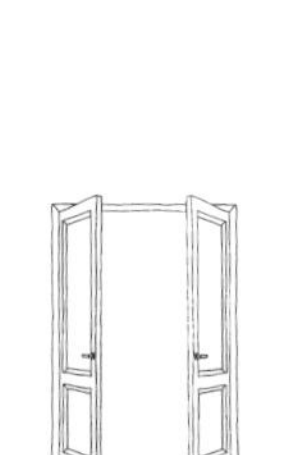

◆問答◆

「道理好懂，做到太難。明明知道與外界刺激無關，可對刺激物還是有諸多討厭、憤怒或嫌棄，該怎麼辦？」

對刺激物第一時間就自動冒出來的這種討厭、憤怒和嫌棄，就是人們在過往所有生活中練的一種「功」，可見你的「功力」已經很深厚了。

這種深厚功力表現在哪些地方？你把自己的情緒完全依附於你以為讓自己產生情緒的刺激物上，所以你需要用一種新的方式安放自己的情緒能量。

但是這種新方式需要練習，不可能一蹴而成。練習得越多，你能容納

和承載的情緒能量就越多，慢慢地，你就會發生改變。

「我很害怕別人不喜歡我的成功，就算我成功了，也不希望別人發現，該如何處理這種不健康的情緒？」

你所說的害怕是一種情緒，但是你後面說的「就算成功了，也不希望別人發現」，這不是情緒，而是一種觀念。

這個觀念導致了害怕情緒，而為什麼會產生這個觀念非常值得仔細探討。

「嬰兒有感受，沒有觀念，那麼嬰兒有情緒嗎？」

情緒是感受的心理成分，從這個角度而言，只要有感受就有情緒。嬰兒從被教養的第一刻開始就在構建情緒，所用的構建方式一般而言是養育者的反應系統。

父母在與孩子互動的同時，也在把孩子的感受語言化。比如嬰兒在哭，父母可能會說「不哭不哭，媽媽來了」。

這個過程在教孩子如何進行意象化、語言化，這當然也是一種社會化。

「社交焦慮具體是怎麼發生呢？一見到人就緊張，但這好像並不是因為沒有發生的事情而焦慮，或者說根本沒有一個具體值得焦慮的事。」

社交焦慮一定是有情境的，比如為什麼你在和人打交道時會緊張？這是因為你在心裡已經預判了別人對你的評價，而你很在乎這個評價。

你可以透過本書介紹的這一套方法觀察身體、觀察情緒、觀察念頭，接納、表達它們，慢慢地你就會發現自己到底有著什麼樣的心態。

「有些人有時也會對自己憤怒，憤怒不都是指向外界的吧？」

這是因為在心理層面，所謂的「我」並不是統一的，這種情況被稱為主體客體化。比較典型的情況是在很矛盾的時候，你的腦海中可能會出現兩個角色在嘗試相互說服對方。

當你對自己感到憤怒時，相當於你內心有一部分對另一部分很憤怒。

雖然這兩部分都屬於自己，但是對於憤怒的那部分而言，其他部分都是他者，所以也是指向外界的。

「請問解決恐懼的方法就是直接面對恐懼嗎？」

其實，真正的所謂解決恐懼的方法，就是放下解決它這個想法，因為解決它就是一種與它對立、與它為敵的想法。

你可以如實地觀察你所說的恐懼在自己身上是一個怎樣的狀態。這和直接面對是不一樣的，你要克服懼高症，不一定就要簡單、粗暴地站到高樓上往下看，而是像上文反覆提起的，循序漸進地覺察你的身體、情緒和感受。

「情緒是否主要有焦慮、憤怒、恐懼、喜悅、悲傷、抑鬱六種，其他的情緒是否都是這六種情緒的延伸情緒呢？」

我可以很明確地回答你，不是的。其實這六種情緒也只是人們內在發生的真實感受的語言化。人們透過總結這些感受的特性，冠以一個名字來定義它。

實際上，我們鼓勵大家直面自己身上的真實感受，不要把這種情緒過於概念化，因為這種作法本身就是在拒絕情緒。

「我姊姊說我一無是處，我很生氣，我要不要接納這種評價？」

我的回答是你要接納，但是你要接納的不是你姊姊認為你一無是處的判斷，而是你當下生氣的狀態，這樣你才能慢慢地走入自己的內在。

「我男朋友已經失聯五個月了，我一直都接受不了這個事實，這種情況為我帶來了非常難受的情緒，請問我該怎樣才能做到接納這個事實？」

我理解你的感受，但在這裡我要說的是，你既然把它稱為事實，就是不管你接不接納，這件事都不可能改變。事實是不由得你想要或者不想要接納的。

你要做的其實是正視自己對這個事實的反應，並且接納它，然後再看看有什麼伴隨產生的情緒、念頭。你會慢慢發現，實際上你已經離開了所謂的事實，和你共處的永遠只有你的感受。

「用語言表達是指說出來，還是指在腦子裡想一想就行了？」

我建議要說出來，特別是剛開始練習時，也可以自己跟自己說或錄下來。熟練之後就可以在腦子裡想，但是想的時候一定要用清晰的語言，而不只是一個說不清、道不明的模糊感受。

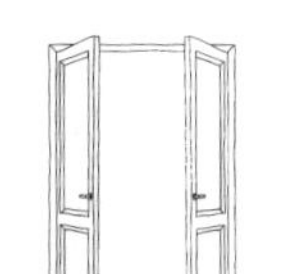

結語

你會有情緒，不管是什麼情緒，無論這個情緒讓你好受還是難受，其實它都是一個好消息，表示你還活著，還在對外界進行反應。

關於情緒，很多人都在討論怎麼處理、怎麼應對，其實對情緒最好的應對就是覺察，對情緒最好的處理是表達，而終極的表達就是把它語言化。

本書所論述的情緒應對方法需要大家真正結合自身的情況去實踐、練習。你將會發現不需要依賴外界輔助，只要自己做出了改變，世界就真的會變得與以往有所不同。

國家圖書館出版品預行編目資料

情緒，請開門/張維揚作. -- 初版. -- 臺北市：春光出版，城邦文化事業股份有限公司出版：英屬蓋曼群島商家庭傳媒股份有限公司城邦分公司發行, 2023.01
面； 公分. --
ISBN 978-626-96812-4-2（平裝）

1.CST: 情緒管理

176.5 111018760

情緒，請開門

釋放困在情緒小黑屋中的自己

作　　者／張維揚
企劃選書人／王雪莉
責任編輯／王雪莉

版權行政暨數位業務專員／陳玉鈴
資深版權專員／許儀盈
行銷企劃／陳姿億
行銷業務經理／李振東
總　編　輯／王雪莉
發　行　人／何飛鵬
法律顧問／元禾法律事務所　王子文律師
出　　版／春光出版
臺北市104中山區民生東路二段 141 號 8 樓
電話：（02）2500-7008　傳真：（02）2502-7676
部落格：http://stareast.pixnet.net/blog　E-mail：stareast_service@cite.com.tw
發　　行／英屬蓋曼群島商家庭傳媒股份有限公司城邦分公司
臺北市中山區民生東路二段 141 號11 樓
書虫客服服務專線：（02）2500-7718 /（02）2500-7719
24小時傳真服務：（02）2500-1990 /（02）2500-1991
服務時間：週一至週五上午9:30～12:00，下午13:30～17:00
郵撥帳號：19863813　戶名：書虫股份有限公司
讀者服務信箱E-mail: service@readingclub.com.tw
歡迎光臨城邦讀書花園　網址：www.cite.com.tw
香港發行所／城邦（香港）出版集團有限公司
香港灣仔駱克道 193 號東超商業中心 1 樓
電話：（852）2508-6231　傳真：（852）2578-9337
E-mail : hkcite@biznetvigator.com
馬新發行所／城邦（馬新）出版集團　Cite（M）Sdn. Bhd
41, Jalan Radin Anum, Bandar Baru Sri Petaling,
57000 Kuala Lumpur, Malaysia.
Tel:（603）90578822　Fax:（603）90576622　E-mail:cite@cite.com.my

封面設計／沈佳德
內頁排版／邵麗如
印　　刷／高典印刷有限公司

■ 2023年1月5日初版一刷　Printed in Taiwan

售價／360元

城邦讀書花園
www.cite.com.tw

ISBN　978-626-96812-4-2

請於此處用膠水黏貼

讀者回函卡

謝謝您購買我們出版的書籍！請費心填寫此回函卡，我們將不定期寄上城邦集團最新的出版訊息。亦可掃描QR CODE，填寫電子版回函卡

姓名：________________________

性別：□男　□女

生日：西元__________年__________月__________日

地址：____

聯絡電話：____________________ 傳真：____________________

E-mail：____

職業：□1.學生 □2.軍公教 □3.服務 □4.金融 □5.製造 □6.資訊

□7.傳播 □8.自由業 □9.農漁牧 □10.家管 □11.退休

□12.其他 ______________________________

您從何種方式得知本書消息？

□1.書店 □2.網路 □3.報紙 □4.雜誌 □5.廣播 □6.電視

□7.親友推薦 □8.其他 ______________________________

您通常以何種方式購書？

□1.書店 □2.網路 □3.傳真訂購 □4.郵局劃撥 □5.其他 __________

您喜歡閱讀哪些類別的書籍？

□1.財經商業 □2.自然科學 □3.歷史 □4.法律 □5.文學

□6.休閒旅遊 □7.小說 □8.人物傳記 □9.生活、勵志

□10.其他 ______________________________

請於此處用膠水黏貼